歴史文化ライブラリー

221

# 武田信玄

平山 優

吉川弘文館

JN073598

# 目 次

# 武田信玄の自立―プロローグ

## 武田氏の系譜

武田信玄《たけだしんげん》（大永《だいえい》元年〈一五二一〉十一月三日～元亀《げんき》四年〈一五七三〉四月十二日）は、清和《せいわ》天皇を祖とする清和源氏の流れをくむ名族の出身で、源《みなもと》頼義《よりよし》の子新羅三郎義光《しんらさぶろうよしみつ》（八幡太郎義家《はちまんたろうよしいえ》の弟）の子孫にあたる。武田氏は、常陸《ひたち》国那珂《なか》郡武田郷（茨城県ひたちなか市）に拠点を構えた、新羅三郎義光の子源義清《よしきよ》が、息子清光とともに、甲斐国市川荘に移されたのがはじまりであり、この子孫は甲斐《かい》源氏と総称された。なお、源義清・清光父子は、すでに常陸国在国時代には、在地を名字とし、武田氏を名乗っていたことが指摘されている。

その後、鎌倉幕府の創設に功績のあった清光の子信義《のぶよし》が武田氏を継承し、甲斐源氏の中心的地位を確立した。武田氏は鎌倉期から、一時期に二階堂《にかいどう》氏に守護の座を奪われるが、ほぼ一貫して守護の地位を保持し、室町期には関東管領《かんれい》上杉氏との縁戚となることにより、関東の諸大名の中でもきわめて有力となった。特に、守護武田信満《のぶみつ》の息女が、関東管領犬懸上杉氏憲《いぬかけうえすぎうじのり》（禅秀《ぜんしゅう》）の妻となっていたことから、鎌倉府においても大きな勢力に数えられた。しかし、応永《おうえい》二十三年（一四一六）の上杉禅秀の乱に荷担したことから、信満は自害し、その子信重・信長・満春（穴山）らは国を捨てて逃亡し、甲斐は守護不在という事態になった。そのため、甲斐は武田氏と対抗していた、同じ甲斐源氏の逸見有直《へみありなお》が、後には跡部氏《あとべし》が勢力を伸ばし、武田氏を圧迫した。だが武田氏は、鎌倉公方足利持氏《かまくらくぼうあしかがもちうじ》と対抗するため、室町幕府により庇護され、永享の乱が勃発すると、武田信重は幕府の支援のもとで帰国を実現させた。

しかし、信重はその後、守護としてめぼしい実績をあげないまま、宝徳《ほうとく》二年（一四五〇）に戦死し、後継の信守も康正《こうしょう》元年（一四五五）に夭折《ようせつ》したため、幼少の信昌《のぶまさ》が九歳で家督《かとく》を相続した。信昌は岩崎氏《いわさきし》等の武田一族に護られて成長し、父信守死後、専横を強める守護代跡部氏に対抗した。信昌は、寛正《かんしょう》六年（一四六五）七月、信濃諏訪氏の支援等を得て、遂に跡部景家《かげいえ》を滅亡させ、甲斐の実権を奪回し、甲斐統一にほぼ成功した。その後信昌は、逸見氏などの反乱を鎮圧し、室町幕府—堀越公方《ほりごえくぼう》府と連携するまでに成長したのである。

信昌は、延徳《えんとく》末期に落合《おちあい》（山梨市）に館を造営して隠居し、落合御前《ごぜん》と呼ばれるが、惣領職を嫡男信縄《のぶつな》ではなく、その弟信恵《のぶよし》（油川《あぶらかわ》氏）に譲ろうとしたため、信縄と激しく対立し、遂に明応《めいおう》元年（一四九二）、信昌・信恵派と信縄派に分裂した。こうして甲斐の統一は破れ、内乱が開始されたのである。この内戦を有利に進めるため、両陣営は諏訪氏などの援軍を乞うたほか、信縄は堀越公方足利茶々丸《あしかがちゃちゃまる》を保護し、さらに明応四年に伊勢（北条）早雲《そううん》に滅亡させられた大森氏の生き残りである大森泰頼《おおもりやすより》（定頼の弟）をかくまったことなどから（「大森系図」『甲斐国志』）、信昌・信恵方に伊勢早雲・今川氏親《いまがわうじちか》などが連携して、外国勢力の侵攻を招く結果となった。この時に生じた伊勢（北条）・今川氏との対立は、信虎《のぶとら》から晴信《はるのぶ》（信玄）の時代までつづくこととなる。

　信昌・信恵と信縄の抗争は、明応七年（一四九八）八月の明応地震を「天罰」と見なした双方の和睦によって終結し、家督は信縄が継承することで落ち着いた。永正《えいしょう》二年（一五〇五）九月に、隠居でありながらも隠然とした威勢を保つ信昌が五九歳で病没すると、信縄は名実ともに甲斐守護の地位を確立するが、病気がちであった信縄も、同四年二月に急死した（享年三九歳といわれる）。このため、嫡男信直《のぶなお》（大永元年ごろ信虎と改名、以下統一）が家督を相続した。この人物こそが、信玄の父武田信虎である。

図1　武田信虎像（大泉寺蔵）

## 武田信虎の甲斐統一

信虎（信直）は明応三年の生まれで、家督相続時はわずか一四歳であったが、翌年十月には武田（油川）信恵父子を滅亡させ、さらに、郡内（都留《つる》郡）の国人《こくじん》衆小山田弥太郎らを戦死させ、信恵派を伊豆韮山《にらやま》の伊勢早雲のもとへ放逐《ほうちく》した。その後、西《にし》郡《ごおり》大井《おおい》氏、北巨摩《きたこま》の今井氏らの有力国衆や、今川・北条氏と対戦し、厳しい内戦を勝ち抜いていく。永正十四年（一五一七）に、今川氏の支援を受けていた大井《おおい》信達《のぶさと》を降伏させた。その際に信達は、息女を信虎の正室に差し出し、両者の講和が成立した。この女性が、信玄の生母大井夫人（瑞雲院殿《ずいうんいんでん》、長禅寺《ちょうぜんじ》殿《でん》）で、信虎との間に四男一女をもうけたとされる。

信虎は、永正十六年（一五一九）に、それまでの本拠地川田館（笛吹市石和町）を廃して、甲府に新館（躑躅《つつじ》ケ《が》崎《さき》館）の建設に着手し、同年十二月には甲府に本拠地を移転させた。信虎は、甲府移転に際して、甲斐国人衆の屋敷を居館のまわりに集め、国人への統制を強めようとしたため、国内はふたたび乱れ、栗原・大井・今井氏らが反抗をはじめた。だが信虎はこの反抗を同十七年六月には鎮圧し、国人衆に対する優位を確実なものにしていった。栗原・今井・大井氏らを降伏させた信虎は、躑躅ヶ崎館の北に、詰城である丸山城（要害山城）の普請《ふしん》をはじめている（『高白斎記《こうはくさいき》』）。

信虎最大の危機は、大永元年（一五二一）二月二十七日に、福島衆を主力とする駿河今川《するがいまがわ》軍が甲斐に侵攻した時である（『王代記』）。福島《くしま》氏を主力とする今川軍は、翌二十八日に河内《かわうち》（現・南巨摩郡一帯）を占領して、国中《くになか》地方（甲府盆地）へ進出する機会をうかがった（『塩山向岳庵小年代記』）。信虎は、八月に河内へ総攻撃をかけ、富士氏の軍勢を打ち破り、今川方に帰属していた「武田八郎殿」（竜雲寺殿、信友の父、信君の祖父か）を帰参させたが、九月六日の大島（身延《みのぶ》町）合戦で敗北してしまった（前同書）。今川軍は九月十六日に富田城（南アルプス市）を陥落させて国中地方に侵入すると、さらに甲府へと向かった。

武田信虎はこの危機に臨んで、懐妊《かいにん》していた大井夫人を積翠《せきすい》寺要害山城へ避難させ、十月十六日に飯田河原で今川軍と対戦した。この合戦で武田軍は勝利をおさめ、今川軍を勝山城（甲府市上曾根）まで退去させた。合戦後の十一月三日、大井夫人は男子を無事出産した。この男子が武田晴信（幼名勝千代か、仮名太郎、後の信玄）である。

信虎はなおも今川軍を追いつめ、十一月二十三日に再び上条《かみじょう》河原で対決した。この合

図2　上空からみた武田氏館跡（躑躅ヶ崎館跡）と要害山城跡（右手に見える丸山〈サンニチ印刷提供〉）

図4　館跡近くの岩窪には信玄の墓がある

図3　躑躅ヶ崎館跡（現武田神社）

戦で、今川軍は福島氏らが戦死する壊滅的打撃を受け、富田城に敗走した。武田軍は二度にわたる戦闘で今川軍を完全に圧倒し、翌大永二年一月十四日にこれを降伏させて駿河へ追い払った。これ以後、今川軍が甲斐に侵攻することは二度となく、武田と今川の合戦は、甲駿国境の万沢などで行われている。先に今川方であった河内領主穴山《あなやま》氏が武田方に転じたことが、武田氏の勢力圏を甲駿国境まで押し下げ、今川氏の侵攻を許さなくなった結果であろうと考えられる。

さて、今川軍を退散させた武田信虎は、同年に身延山久遠寺《みのぶさんくおんじ》に参詣し、多数引き連れていた「御供ノ人々」（家臣団・国人衆）とともに「御授法《ごじゅほう》」を受けた。さらに信虎は都留郡へ入り、富士参詣を行って「富士入嶺」（富士登山）をはたした（『勝山記《かつやまき》』）。なお『勝山記』によれば信虎は「八要メサル、也」とあり、富士頂上を一周する御鉢廻り《おはちまわり》（「八葉」）を行っている。武田信虎が、一年間に河内の身延山と、郡内の富士参詣をはたしたのは、記録によればこれが最初で最後であり、ともに郡内と河内における反武田派の反抗を鎮圧しなければ到底実現しうるものではなかった。つまり、信虎は郡内と河内での反抗を押さえ込み、特にこの地域を支配する小山田《おやまだ》氏と穴山氏の従属＝郡内・河内の武田領国への編入を果たしたことを内外に示す政治的デモンストレーションとして、供を引き連れ身延山と富士山という二つの地域の宗教的シンボルにあえて参詣したのであろう。

国内が小康《しようこう》状態をえたことから、信虎は、伊勢氏綱《いせうじつな》が関東に侵攻し、北条氏を名乗って両上杉氏との決戦を宣言したことから、これに介入して領国の拡大を企図し、大永四年（一五二四）に関東へはじめて出兵した。その後信虎は、山内上杉憲広《やまのうちうえすぎのりひろ》や扇谷《おうぎやがつ》上杉朝興《ともおき》らと結び、北条氏と戦火を交えている。

大永七年（一五二七）には、周辺の国人衆に圧迫されていた信濃国佐久《さく》郡の伴野貞慶《とものさだよし》の要請を受けて、信虎は信濃へ出陣した。しかし同年七月に今川氏親が病没し、一四歳の氏輝《うじてる》が相続すると、今川氏と和睦している。この和睦によって、信虎は信濃侵攻を本格化させる。

だが享禄《きようろく》三年（一五三〇）に、北条氏（伊勢氏綱は、大永三年〈一五二三〉に北条姓に改称）との対立が再燃する。信虎は、上杉朝興が当時北条領であった江戸に侵攻するのに呼応して、郡内の小山田信有《のぶあり》を関東へ派遣しようとしたが、小山田衆は甲相国境に近い八坪《やつぼ》坂（矢壺坂、上野原市）で北条軍の伏兵に遭遇し、大敗を喫した（『勝山記』『甲斐国志』）。信虎との連携に失敗した朝興は、武田氏との関係をより緊密にするため、上杉憲房《のりふさ》の後室（朝興の叔母）を信虎の側室としたが、行きすぎた行為であったため家臣団の反発を買い、翌年正月二十一日に栗原兵庫《くりはらひようご》、今井信元《いまいのぶもと》、飯富虎昌《おぶとらまさ》らが甲府を去って御岳《みたけ》に入り、かえって信虎に反旗を翻す事態を招いた。これには信濃国諏訪頼満《すわよりみつ》も同調し、諏訪軍は韮崎《にらさき》に侵攻した。

　この結果、信虎に帰属していた大井氏からも、嫡男大井信業《おおいのぶなり》がこれに応じるなど、大規模な反乱に発展した。しかし信虎は、二月二日の合戦で大井信業、今井備州《いまいびしゅう》らを戦死させ(『一蓮寺《いちれんじ》過去帳』)、四月十二日(三月十二日説もある)には韮崎郊外の河原辺合戦で諏訪・甲斐国人衆連合軍と対戦し、栗原兵庫ら八百余人を討ち取り、反乱を壊滅させた(『勝山記』等)。今井信元は、信濃国人衆(諏訪氏か)の支援を受けてなおも信虎に抵抗したが、もはや信虎の優位は動かず、天文《てんぶん》元年(一五三二)九月に本拠地獅子吼《ししく》城《じょう》(北杜市須玉《すたま》町)を明け渡して降伏した。

　この結果、甲斐には信虎に反抗する勢力が一掃され、武田氏による統一が完了した。祖父信昌と父信縄の対立以来、実に四〇年ぶりのことであった。

　甲斐統一を成しとげた信虎に対して、扇谷上杉朝興はなおも関東への支援を強く要請し、天文二年(一五三三)には信虎の嫡男太郎に自分の女を娶《めと》らせて、同盟を強化しようとした。だが、この女性は翌三年十一月に懐妊するがそのまま死去してしまう(『勝山記』)。

　しかし信虎と朝興の関係はつづいた。天文四年(一五三五)六月、和睦《わぼく》していた駿河今川氏輝との関係が悪化し、遂に信虎が出兵すると、朝興も遠くこれに応えて、北条氏綱への牽制を実施した。信虎は六月、甲駿国境で今川軍と対峙《たいじ》するが、八月に北条氏綱は籠坂《かごさか》峠を越えて甲斐に侵攻し、郡内に殺到した。これを、郡内小山田信有と、勝沼信友（信虎の弟）が軍勢二〇〇〇人を率いて迎え撃ったが大敗し、武田信友、小山田弾正忠《だんじょうのじょう》有誠《ありまさ》、小林《こばやし》左京助《さきょうのすけ》ら二四〇人が戦死した。北条軍は同日、上吉田を焼き払い、次の日には下吉田にも放火した（『勝山記』）。この危機は、上杉朝興軍が相模に侵攻し、氏綱の本拠地小田原城に迫ったため、北条軍が小田原に帰陣したことで救われることになった。信虎は、今回の今川・北条同盟との合戦で、危機に立たされたことから、背後を固めることを決意し、九月に信濃諏訪頼満と和睦した。

ところが、翌天文五年（一五三六）に信虎に転機が訪れる。三月十七日に仇敵《きゅうてき》駿河今川氏輝が弟彦五郎《ひこごろう》とともに不可解な死をとげたのである。『高白斎記』（『甲陽日記』ともいう。武田氏の重臣駒井高白斎の日記とされる）は、「十七日今川氏照、同彦五郎同時ニ死ス」と記し、『為和卿記《ためかずきょうき》』（冷泉為和〈一四八六～一五四九〉の記した記録）なども同時に死んだと記録しているが、その原因は定かでない。いずれにせよ、当主氏輝とその弟彦五郎を失った今川氏は、氏輝の二人の弟梅岳承芳《せんがくしょうほう》（今川義元）と玄広恵探《げんこうえたん》（花倉《はなぐら》殿）が家督をめぐって対立し、内戦へと突入した（花倉の乱）。玄広恵探は、福島越前《えちぜん》守らの支援を受けたが、岡部氏ら今川家臣の多数によって支持された梅岳承芳が内戦に勝利し、六月十四日玄広恵探は自害した。またその後福島一族も、北条氏綱の援軍によって殲滅《せんめつ》された（『勝山記』

『高白斎記』）。信虎も氏綱と同じく栴岳承芳を支援していた。承芳は還俗して義元と名乗り、今川氏を相続した。義元の相続によって、悪化していた武田氏と今川氏との関係は急速に好転した。内乱終結後まもなく、義元はこの年元服《げんぷく》したばかりの武田晴信に、京都三条公頼《きんより》の息女を正室に斡旋《あっせん》して娶《めと》せた。さらに、翌天文六年（一五三七）二月には信虎の女《むすめ》が義元の正室となり、武田・今川同盟が成立した。

このため信虎は、花倉の乱で敗れ甲斐に亡命していた反義元派を匿《かくま》っていた、家臣前島一門に切腹を命じた。だがこの処置に家臣団が反発し、奉行衆が他国へ退散するという事態となった（『勝山記』）。また信虎と義元の同盟に反発した北条氏綱は、今川氏と断交し、天文六年二月から駿河国駿東《すんとう》郡・富士郡に出兵し、義元と戦火を交えた。信虎は義元を支援するため、須走口《すばしりぐち》に出陣している。またこれより先の天文五年には、花倉の乱に介入していた氏綱を牽制するため、信虎は相模津久井《さがみつくい》郡に侵入し、青根《あおね》郷などを荒らして乱取りを行っている（『勝山記』）。

武田氏と北条氏は、郡内で天文七年（一五三八）から八年にかけて衝突を繰り返すが、氏綱本隊の来攻はなく、八年以後は小康状態となる。信虎は、北条氏の動向を見極めながらも、その蠢動《しゅんどう》が止むと、天文九年には諏訪頼重に女禰々御料人《ねねごりょうにん》を嫁がせて、諏訪氏と同盟を結び、同年から天文十年にかけて佐久郡大井氏と小県《ちいさがた》郡海野《うんの》棟綱《むねつな》を攻め、佐久・

小県郡を頼重とともに手中におさめることに成功する。信虎が甲斐国外に領土を獲得したのは、これがはじめてのことである。

こうして、信虎は長きにわたった内戦を克服し、北条氏綱を除く周辺大名との和睦、同盟を進めながら、信濃国を主目標にして対外戦争へ乗り出す路線をほぼ確立するのである。しかし、それを自らの手で実現しえないまま、嫡男武田晴信によって追放されてしまうのであり、信虎の路線は晴信によって引き継がれていく。

### 父追放と晴信の自立

天文十年（一五四一）六月十四日、信濃国小県郡への出兵を終えて帰国した武田信虎は、駿河国へ出発した。これは娘婿《むすめむこ》の今川義元を表敬訪問するのが目的であったのであろう。すでに天文九年十二月に諏訪頼重を訪問しているので、信虎はそれと同じく義元との絆《きずな》を強めようとの意図があったと考えられる。ところが、嫡男武田晴信は、父信虎が駿河へ出発すると、足軽を河内へ派遣して、信虎が帰国できないように国境を封鎖し、駿河へ追放したのである。息子が父を追放するという未曾有《みぞう》のクーデターによって、武田氏の当主交代が実現された。この時、晴信二一歳、信虎四八歳であった。では、信虎はなぜ追放されたのであろうか。現在、残されている信虎追放に関する史料をすべて掲げてみよう。

①『高白斎記』（武田信虎・信玄の家臣駒井高白斎の日記といわれる）

六月小丙辰十四日己巳信虎公甲府を御立ち駿府へ御越、甲府において十六日に各《おのおの》存じ候

②『勝山記』（法華宗常在寺の僧侶が書き継いだ年代記の古写本、富士御室浅間神社所蔵）

（前略）此の年六月十四日に武田大夫殿様（左京大夫晴信）、親の信虎を駿河国へ押し越し申し候、余りに悪行をなされ候間、かようにめされ候、去る程に地下、侍、出家、男女共に喜び満足いたし候こと限りなし、信虎出家なされ候て駿河にござ候

③『塩山向岳庵小年代記』（塩山向岳寺の住僧の記録）

信虎平生悪逆無道なり、国中の人民、牛馬畜類共に愁悩《しゅうのう》せり、然るに駿州大守義元、信虎の女を娶《めと》り、これにより辛丑六月中旬駿府に行く、晴信万民の愁《うれい》を済《すく》はんと欲し、足軽を河内《かわうち》境に出し、その帰り道を断ち、位に即き国々を保つ、人民ことごとく快楽の咲《わら》ひを含む

図5　武田晴信像（高野山持明院蔵）

④『王代記』（武田氏の氏神大井俣窪八幡神社の別当八幡山普賢寺の住僧の記録）

武田信虎六月十四日駿州へ御出、十七日巳刻

晴信屋形へ御移り、一国平均安全になる

信虎追放当時の人々の手になる記録は、以上の四点である。ところで、古来から、信虎追放の原因についてはさまざまな解釈が行われてきた。今日、この追放劇が今川義元を滅亡させることを目的とした信虎と晴信との合意・共謀によるとの説（『松平記』『甲斐国志』）はもはや問題にならないが、父子不仲説（『甲陽軍鑑』）と領国経営失敗説はほぼ定説となっている。

②③がいずれも信虎の「悪行」について記し、口をきわめて痛罵しているが、これが信虎の領国経営の失敗を指摘したものとされる。従来からいわれているように、連年にわたる戦争が領民や家臣団の経営や生活を圧迫し、加えて連年にわたる凶作、災害、飢饉《ききん》によって領国が疲弊《ひへい》していたのにもかかわらず、これを強行したことなどが不満蓄積の原因であるという。しかし、これは武田晴信の家督相続後もまったく同様であり、むしろ晴信時代の方が、出兵にともなう負担は多くなったと見ることもできる。しかも凶作、災害なども止むところがなかったことは、『勝山記』等を一瞥すれば明らかである。では信虎にとっての固有の問題とは何であったのだろうか。それは、やはり信虎の対外路線と国内政策を検討することしか手掛かりをえる方法がない。

これまでの研究では、次の点が指摘されている。それは、①信虎は、祖父信昌以来、積年の対立関係にある伊勢（北条）・今川氏と和睦、同盟を積極的に進めた形跡が認められず、②その結果、国内の反武田勢力の蜂起《ほうき》に連動して、両氏や諏訪氏が甲斐に侵入するという事態をくりかえし招いている（たとえば大井氏・穴山氏―今川氏、油川・小山田氏―伊勢〈北条〉氏、今井氏―諏訪氏という構図）、③これは信虎の対外路線に確固とした目的が存在しなかったことをうかがわせ、家臣との対立を招いた、④度重なる内戦と、四囲を敵に回して実施された外征で、国内は甚大な疲弊に見舞われた（大永元年〈一五二一〉の国中への棟別銭賦課、享禄元年の徳政令などは、こうした事態への対策）、などである（磯貝正義『定本武田信玄』、拙著『川中島の戦い』他）。

また、信虎はそれまでの守護権力とは相違して、軍事力の基盤を郷村《ごうそん》に置く施策を実施しはじめていた。信虎の軍事力が飛躍的に伸び、永正十七（一五二〇）の栗原・今井・大井氏の三国人蜂起をうち倒しえたのも、「上意ノ足衆」（武田氏直属の足軽衆《あしがる》）が編成されていたからであり、これらは郷村の土豪《どごう》・有力百姓層などが諸役免許の特権を与えられて動員、編成されたものであろう（『勝山記』）。これは、その後武田信玄が大規模に推し進める、軍役衆動員の軍事力強化の路線と一致している。だからこそ、信虎が実施する戦争は地頭層（有力領主）ばかりでなく、郷村レベルにまで深刻な影響を及ぼすことになった。

加えて、国内問題として、武田氏を支える家臣団と信虎との対立という問題がある。

『甲陽軍鑑』（以下『軍艦』とする）などによれば、信虎は直情径行《ちょくじょうけいこう》であり、かつ酷薄な性格で、家臣を手打ちにしたこともしばしばであったと伝えられる。これが事実かどうかはわからないが、天文五年に前島一門が信虎の命に背いたため、切腹させられたという事実があるので、一概に否定することもできない。ただし、妊婦の腹を裂いて、胎児を取り出してその発育の様子を見たなど、信虎の残虐な性格を強調する逸話の数々は、洋の東西を問わず、暴君の狂態が語られるさいに持ち出されるいわば常套《じょうとう》ともいえるもので、これを排除してあらたな施政を打ち立てる英雄をクローズアップさせるためか、暴君の滅亡が必然であると説明するためのレトリックであり、おおよそ史実と認定しがたい。

対立する家臣を誅殺《ちゅうさつ》したという事例の他にも、家臣との対立については記録等からうかがうことができる。それは、武田氏の奉行衆との対立である。信虎時代に奉行衆の存在が諸記録から認められ、家政機関の整備が進められていたことがわかるが、信虎はしばしばこの奉行衆と対立し、彼らが他国へ退去したり、反乱を起こしたりする事態を招いている。これは信虎と奉行衆とが政策をめぐって衝突することがしばしばであったが、信虎は奉行衆に決して妥協しなかったことをうかがわせる。たしかに信虎は、分裂していた国内統一と、外敵の撃退などで実績をあげ、国人衆を統合する地位についたものの、武田氏の権力強化には反発する要素が多く、もともと独立した領主である国人衆によって構成される奉行衆とは、当初は軋轢《あつれき》は避けられなかったのであろう。だが、戦略的合理性のない軍事路線による国内の不満は、奉行衆との対立をより一層緊迫したものにしていたことは容易に想像され、これに嫡男晴信との対立が加わることで、事態は動きはじめるのである。

『軍鑑』によれば、父信虎は嫡男晴信よりも次男次郎（典厩信繁《てんきゅうのぶしげ》）を愛し、ついには廃《はい》嫡《ちゃく》の意図を明らかにし、天文七年（一五三八）正月元旦の祝儀の席上では、晴信に盃を与えず、信繁だけに与えるなどその意向を露骨に示しはじめたことから、晴信も父追放の意志を固めたとされている。こうした信虎と晴信の父子対立と、奉行衆を中核とする家臣団の反信虎派とが結びつき、信虎追放という無血クーデターを実現させたものと思われる。これには、国人衆の支持と結束も背景にあったと推測される。国人衆等をふくむ家臣団の結束が存在したと推定するのは、信虎追放という異常事態にもかかわらず、国内で反乱などが起こっていないという状況証拠にもとづく。おそらく、家臣団も反信虎の気運では一致していたものの、武田氏の覇権をくつがえして、国内を内乱に導くことは得策ではないと判断したのであろう。諸悪の根元は、結局信虎個人のみと見なされ、それをすみやかに取り除き、晴信を擁立することが事態打開の最も現実的かつ、安定した手段とされたのであろう。

だが、信虎追放について考えなければならないのは、それがなぜ天文十年（一五四一）

であったのかという時期の問題である。信虎の留守中を狙ったとすれば、前年の天文九年に、信虎が諏訪へ出かけた時でも決行は可能であったはずである。晴信と、家臣団が結束して天文十年をクーデター決行の時期に選択した背景とは何か。これをうかがい知る唯一の手がかりが、『勝山記《かつやまき》』の中に存在する。前掲の②は、武田信虎追放の史料として大変に著名なものであるが、あまり注意されない前略部分には、次のような記述がある。

此の年春餓死いたし候て、人馬共死る事限りなし、百年の内にもごさなく候と人々申し来り候、千死一生と申し候

この記述は、連年のように飢饉、災害を記す『勝山記』の記述に埋没されて、あまり注目されていないが、『勝山記』がこれほど激しく飢饉の状況を活写している部分は、他に存在しない。信虎追放のこの年は、過去一〇〇年にも前例がないほどの飢饉が、甲斐を襲っていたのである。この飢饉は、実は全国的なものであり、特に甲斐・信濃等の中部地方に深刻な打撃を与えていたもので、筆者はこれを天文十年の大飢饉と呼称する。

この飢饉は、天文八年以来の不作や、災害を伏線にしているが、決定的であったのは、前年の天文九年八月十一日に東海・中部地方を襲った大風雨（台風）による被害である。これが飢饉を決定的かつ深刻なものにしたのであった。この超大型の台風は、諸記録から、紀伊半島から内陸部を横断し、東北地方を抜けていったものと考えられる。こうして、天

文十年の大飢饉がおきたのである。

武田晴信の父信虎追放劇は、この大飢饉を背景に実現された。では晴信や家臣団が、この大飢饉の時期に何故政変劇を企図したのであろうか。それは、前掲史料の④に「一国平均安全ニ成」とあることが参考になろう。信虎追放を知った諸階級の人々が歓喜し、満足したとあるのは②③等からよく知られているが、ただ信虎個人の追放という事実だけではなく、そこには何らかの事情があるように見受けられる。結論から先にいえば、晴信は信虎を追放し、同時に「一国平均」の徳政を実施したのではないかと思われるのである。連年の見返りなき出兵に疲弊した武士階級や民衆は、天文十年（一五四一）の大飢饉で深刻な生命の危機に直面していた。晴信はこれを好機と見て、父信虎を追放し、あわせて代替わり徳政を実施することで、諸階級の苦難を和らげる施策（「一国平均」）を実現した。そのため、領民が歓喜してこれを迎えたのではなかろうか。中世では、代替わりや改元などの節目にあたっては、徳政を実施することが当然とされていた。③などには「晴信万民の愁《うれい》を済《すく》はんと欲し（中略）位に即き国々を保つ、人民ことごとく快楽の咲《わら》ひを含む」とあるように、晴信が万民の苦しみを座視しえずに父追放、国主への即位を断行したと記し、晴信の行動が万民のための行動（徳政）であったことをにおわせている。

右のように解釈すれば、晴信が、大飢饉を背景にクーデターを実行したのには、大きな狙いがあったと思われる。おそらく晴信は、父信虎追放を正当化するための論理を模索していたはずである。すでに領内諸階級の不満は蓄積され、信虎と晴信の対立もその極に達しており、晴信と家臣団との合意もでき上がっていた。あとは父（当主）追放の正当性の論理を、どこに立脚させるかである。ところが天文十年になって、「悪行」＝信虎を追放して、「徳政」＝晴信の屋形《やかた》就任を演出し、父（当主）追放という行動を正当化し、諸階級からの社会的合意をえるための絶好の条件が、大飢饉の発生によって出そろった。しかも前年の諏訪につづいて、信虎は女婿を表敬訪問するため、甲斐を留守にすることになる。そこで事態は、一挙に動き出したのではなかろうか。

晴信は、その後上杉謙信《うえすぎけんしん》などから父を追放した親不孝者と痛罵されることになるが、晴信は自らの行動の社会的評価にきわめて敏感であり、父追放を少なくとも国内で批判されない状況を演出することに苦慮していたと思われる。そして、それを満たす唯一の時期が、天文十年であったのではないだろうか。『軍鑑』によれば、信玄は父追放を生涯忘れず、それ以後、愛読していた『論語』から遠ざかったとされ、父を追放した行為への忸怩《じくじ》たる思いを生涯持ちつづけていたようである。晴信は、信虎の生活費などについて、今川義元と協議し、不自由のないように手配したうえで、その身柄を今川氏に託し、義元もこれを了承した（『静岡県史』資料編七―一五六二号）。父信虎追放は同盟国今川氏の認めるところとなり、晴信の家督相続は確立した。しかも、父追放にともなう国内の反乱は発生せず、晴信は信虎が残した甲斐統一と、皮肉なことに反信虎で結束した家臣団を率いて、新体制を確立し、領土拡大を実行に移すこととなる。

## 父との訣別

父を追放した晴信は、その直後の天文十一年（一五四二）九月中旬ごろ、それまで称していた左京大夫《さきょうのだいぶ》の官途《かんと》を改めて、大膳《だいぜん》大夫の称を用いている。これは、晴信の決意と意識を推測するうえで重要である。左京大夫は、父信虎が大永元年四月に任官された、従四位下相当の官職で、この官途は、同時期には周防《すおう》国大内義興《おおうちよしおき》や陸奥《むつ》国伊達稙宗《だてたねむね》らの有力大名のみが任官されて称しており、東国ではきわめて高い官途であった。後に、北条氏綱が左京大夫の任官を望んでそれを実現させ、これを北条氏歴代の官途としたのは、武田信虎に対抗するのが当初の目的であったと指摘されているものである（今谷明『戦国大名と天皇』）。

信虎は、天文五年（一五三六）正月に陸奥守の受領《ずりょう》名を受け、左京大夫の称をやめている。ところが、嫡男太郎が同時に従五位下《じゅごいのげ》に叙任され、三月には元服《げんぷく》し、将軍足利義晴《あしかがよしはる》より偏諱《へんき》を受けて晴信と名乗り、さらに父信虎の官途を継承して、左京大夫晴信となっている。つまり晴信は、父と同じ官途を受けることで、同じ道を歩むこととなっていたのである。

しかし、父信虎追放後、晴信は左京大夫を廃し、大膳大夫を称した。この大膳大夫は、同じ武田氏のうち、若狭《わかさ》武田氏の歴代官途にあたる。しかも大膳大夫は、正《しょう》五位下が官位相当であるため、左京大夫の官位相当である従四位下とは、明らかな差がある（ただし、晴信自身は、天文十九年〈一五五〇〉十一月、「従四位下武田大膳大夫兼信濃守源晴信」と自署しており〈「久遠寺文書」『山梨県史』資料編六県内記録三七号〉、左京大夫の官位相当である従四位下のまま大膳大夫を称していたようである）。それでも晴信が、甲斐武田氏歴代の官途（刑部大輔《ぎょうぶのたいふ》、左京大夫）のいずれも選択せず、あえて若狭武田氏の官途を称したのには、特別な意図があったためと推察される。それは、若狭武田氏が室町幕府を護持する役割を担い、実際に幕府の命令を奉じて合戦をおこなうなど、室町幕府将軍と密接な関係を持っていたことを考慮したためであろう。晴信は、室町幕府との連携強化を視野に入れ、幕府との関係を通じて勢力を拡大しようと考えたのではなかろうか。

このように父との訣別の意味を込めて、官途を変更したという観点に立つときに、もう一つ考慮しなければならないのは、晴信の幼名の問題である。晴信の幼名は、太郎とするものが多いが、これは仮名であって、幼名ではない。それでは晴信の幼名は何かといえば、確実な記録には登場しないが、唯一『軍鑑』が「勝千代」と記している。晴信の幼名と仮名は、重要な問題を含んでいる。

武田氏の歴代の仮名についてみると、信昌・信縄・信虎（五郎）─晴信・義信（太郎）ということになる。このように、武田氏は信虎まで仮名を五郎で通してきたのにもかかわらず、晴信の時に仮名を太郎に変更している。これは、父信虎の意向であることはまちがいなく、ここから信虎はかつての武田氏歴代当主とは違った意識を、息子達に込めたと推察される。武田氏歴代で太郎の仮名を称したのは、初代武田太郎信義であり、信虎は嫡男晴信に初代信義の仮名を与えたことになる。これは、信虎はみずからを甲斐源氏の祖武田（源）清光（信義の父）になぞらえ、嫡男に信義の仮名太郎を与えたのではなかろうか。それは、甲斐統一をなしとげた信虎の強烈な自意識のあらわれと思われる。

さて、晴信が自分の子息たちに、いかなる幼名をつけたのかは明らかでないが、晴信の幼名とされる勝千代は、穴山信君《のぶきみ》（梅雪《ばいせつ》）・信治二代が称していることがよく知られている。このうち、最初に勝千代を称した穴山信君は天文十年（一五四一）の生まれで、信虎追放の年に相当することが明らかであることから、晴信は自身が父信虎から授かった幼名勝千代を、一族穴山氏の当主信友の子信君に与えたと推定できないであろうか（後に信君は、武田一族で唯一信虎と同じ陸奥守を称している）。このような事例は、武田氏の場合、皆無ではない。信虎は父祖以来の仮名である五郎を、実弟の勝沼信友の系統に譲り渡していることが知られているからである。

以上のような推測をするのは、武田氏歴代当主は、父子が対立した場合、その子は父の官途や受領名を継承しない傾向が顕著だからである。これは歴代の官途・受領を比較すれば、瞭然となる。それは、武田信重・信守・信昌（刑部大輔）―信縄・信虎（左京大夫・陸《む》奥守《つのかみ》）―晴信（左京大夫↓大膳大夫・信濃守）・勝頼（大膳大夫・信濃守）となり、このうち、信昌と信縄父子、信虎と晴信父子はともに激しく対立し、前者は内戦を展開し、後者は父追放へと動いている。そして、家督を継承した子は、父の官途・受領を継承せず、新たなものを称している（秋山敬「政権を執る」『定本・武田信玄』）。

晴信が、父追放後、左京大夫を捨て、さらに幼名勝千代と受領名陸奥守を穴山氏に譲渡したのは、明確な父との訣別に他ならなかった。そして、大膳大夫を称して京都への志向を強め、信濃守を称することで、信濃侵攻の大義名分を主張しようとしたのである。

# 軍事と外交

# 信濃侵略

## 諏訪頼重の滅亡

天文十一年（一五四二）六月二十四日、武田晴信は、家督相続後はじめて軍事行動を開始し、信濃国諏訪郡に侵攻した。相手は、同盟国の諏訪頼重《すわよりしげ》であった。頼重には、晴信の妹禰々《ねね》御料人《ごりようにん》が嫁いでおり、同年四月には嫡男寅王丸が誕生したばかりであった。しかし頼重は、前年の天文十年七月、武田信虎追放という武田氏の混乱に乗じて上杉憲政が佐久《さく》・小県《ちいさがた》郡に侵攻すると、当時の同盟国村上義清《むらかみよしきよ》や武田晴信に通告することなく、上杉氏と単独講和を結び、さらに領土分割協定まで実施した。これが諏訪氏に対する武田・村上両氏の反発を招いたようであり、「甲州の人数モ村上殿も身をぬかる、分ニ候」と記録されている（『諏訪神使御頭之日記《すわじんしおとうのにっき》』）。晴信が侵攻したのは、これが理由であったと推定される。

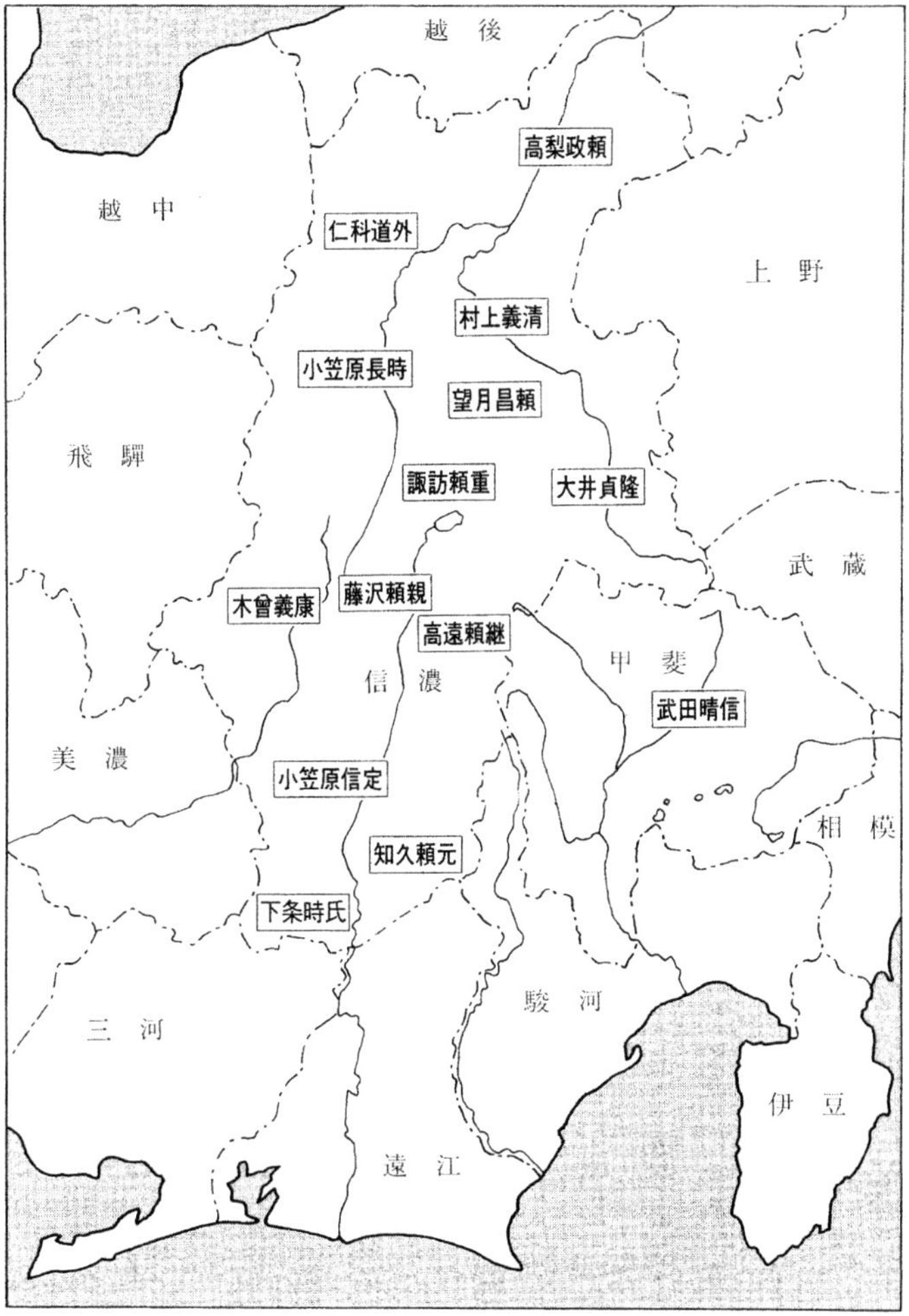


図6　信濃の勢力図（天文11年）

当時の諏訪氏は、天文十年の大飢饉と、天文六年から同八年までつづいた小笠原長時《おがさわらながとき》との抗争、さらに天文九・十年に武田信虎らと連携して佐久郡大井氏・小県郡海野氏を攻略するなど、連年の出兵で領内は疲弊し、かなりの痛手を受けていた。加えて頼重は、諏訪《すわ》大社《たいしゃ》上社《かみやしろ》権祝《ごんのはふり》矢島満清、諏訪西方衆らの有力家臣たちと対立していた。また一族高遠《たかとお》頼継《よりつぐ》も秘かに頼重を除いて、諏訪家の惣領と大祝の地位を簒奪《さんだつ》しようと企てていた。

武田晴信は、これら反頼重勢力と秘かに結んで諏訪に侵攻し、七月四日には頼重・頼高兄弟を降伏させ、同五日に甲府へ護送した後に、二十一日に甲府東光寺で切腹させた。頼重は享年二七歳であった。これにより諏訪氏はあっけなく滅亡した。

その後、諏訪を狙っていた高遠頼継と、九月に対決してこれを撃破すると、諏訪大社上社大祝《おおはふり》の地位に、頼重の叔父満隣《みつちか》の子伊勢宮丸（後の諏訪頼水《よりみず》）を据えた。だが、晴信が高遠頼継と対戦する際に、諏訪衆に約束した寅王丸（このころ千代宮丸と改名）の擁立は反《ほ》故《ご》にされた。かわって晴信は、天文十四年（一五四五）に頼重の息女諏訪御料人（生母は麻績《おみ》氏）を側室とし、翌十五年に四郎勝頼が誕生すると、これを頼重の後継に据えている。

このように武田晴信は、諏訪頼重を滅亡させ、高遠頼継を諏訪郡から放逐すると、同十二年（一五四三）には佐久・小県郡の大井《おおい》貞隆《さだたか》を降伏させ、望月昌頼《もちづきまさより》を追放した。さらに、天文十三年（一五四四）から十四年（一五四五）にかけて伊那郡を攻め、高遠城（長野県伊那市）主高遠頼継と、福与城《ふくよじょう》（箕輪《みのわ》城、長野県上伊那郡箕輪町）主藤沢頼親《ふじさわよりちか》を降伏させて、上伊那を制圧した。さらに天文十五年（一五四六）五月には、大井貞清（大井貞隆の子）の保持する内山城（長野県佐久市）を降伏させ、佐久郡での主導権を手中に収めた。

　そして、天文十六年（一五四七）八月、武田晴信は佐久郡志賀城《しがじょう》（長野県佐久市）主笠原（依田《よだ》）清繁《きよしげ》を攻めた。笠原清繁は、佐久郡の依田一族で、関東管領上杉氏とも関係が深かったことから、これを後ろ楯にして武田氏に対抗していた。晴信は、志賀城に上野《こうずけの》国衆《くにしゅう》高田憲頼《のりより》父子（笠原氏の血縁）が援軍として籠城したことを知ると、直ちにこれを包囲した。上杉憲政はこれを支援すべく、倉賀野《くらがの》党金井（倉賀野）秀景を主将とする上野衆を信濃へ派遣した。

　上野衆が碓氷峠《うすいとうげ》を越えて、志賀城救援にやって来ることを知った晴信は、自らは志賀城を包囲する本隊を指揮することとし、板垣信方《いたがきのぶかた》・甘利虎泰《あまりとらやす》・多田三八《さんぱち》・横田高松《たかとし》らの別働隊を碓氷峠の麓、小田井原《おたいはら》（長野県御代田町）に派遣した。

　武田軍別働隊は、八月六日申刻《さるのこく》（午後四時ご

図7　武田勝頼像（法泉寺蔵）

ろ）、碓氷峠を越えて小田井原に布陣する上野衆と激戦を展開し、敵部将一四、五人と雑兵三千余人を討ち取る戦果をあげた。武田軍は、討ち取った上野衆の首級を志賀城に見えるようにさらして、笠原方の士気を殺ぎ、八月十一日に城を陥落させた。笠原清繁以下の城兵のほとんどが戦死した。これにより、武田氏の佐久郡制圧をほぼ成就させたのである。

**甲相駿三国軍事同盟の成立**

天文十四年（一五四五）六月、高遠頼継と藤沢頼親を破って帰国した晴信は、まもなく駿河国富士郡・駿東郡をめぐって今川義元と北条氏綱が戦闘状態に入ったとの情報に接し、さらに今川氏の出兵要請を受け、九月に駿河に出陣した。今川義元と北条氏綱が断交し、駿東郡・富士郡を舞台に合戦に及んだのは、天文六年の武田信虎と今川義元の同盟成立以来のことで、それまで同盟関係にあった両氏は以後八年にわたって抗争をつづけていた。

北条氏と今川・武田氏の対立は、その後天文八年（一五三九）までつづき、以後小康状態となるが、駿河国駿東郡や富士郡の一部は北条氏の支配下に入った。富士川の東部で起こったこの一連の争乱は、「河東一乱《かとういちらん》」と呼ばれ、天文六年から天文八年までの争乱を第一次河東一乱とし、天文十四年の争乱を第二次河東一乱として区別している。

北条氏と今川・武田氏の対立が小康状態に入って数年をへて、武田氏では天文十年（一五四一）に当主が信虎から晴信へと代わり、また北条氏も天文十年七月に氏綱が死去して氏康が当主となると、三氏の関係は微妙に変化を見せはじめる。北条氏康は関東侵攻に専念し、今川・武田両氏と戦火を交えることがなくなってくるのである。

まず天文十三年に、武田氏と北条氏との間で最初の関係改善に向けた交渉が開始され、天文十四年の武田氏の上伊那《かみいな》侵攻にさいして、北条氏康は晴信に今川義元と同じ三〇〇人の援軍を差し向けている。武田軍の陣中とはいえ、敵国同士が同陣することが問題視されていないことなどから、武田氏と北条氏の和睦交渉には、今川氏の了承と支援があったものと思われ、武田氏と北条氏との和睦交渉は、武田氏を仲介役とした北条、今川両氏の和睦へと進展することが期待されていたのである。

また今川義元も、独自に北条氏との和睦を模索しており、天文十四年には、京都より聖《しょう》護院門跡《ごいんもんぜき》道増《どうぞう》が下向《げこう》し、北条氏康と交渉を行ったが、これは不調に終わった。そのため義元は、聖護院門跡が帰洛してまもなく軍勢を催し、ただちに富士郡へと出陣した。こうして第二次河東一乱が勃発したのである。

七月二十四日、義元は軍勢を率いて富士川を越え、善得寺（静岡県富士市）へ布陣した。武田晴信は、十七日に信濃から帰国したばかりであったが、事態を重視し、今川氏に北条氏との和睦を勧めた。義元も晴信の勧告を受諾する意向を示した。

このように、今川・北条両氏の和睦実現がかなり現実味を帯びてきたものの、両氏の戦況はなおも緊迫していた。晴信は義元からの要請もあって、九月九日に軍勢を率いて甲府を出陣し、その日は向山（甲府市）に留まり、翌日には本栖《もとす》に本陣を据え、板垣信方らを大石寺《たいせき》（富士宮市）まで派遣した。しかし十四日になって、晴信の陣中に北条氏康の書状が届けられた。その内容は明らかでないが、今川氏との講和斡旋の依頼である可能性が高い。晴信は翌十五日に板垣ら先遣隊《せんけんたい》が布陣する大石寺に着陣した（『高白斎記』）。

このころから、北条軍の戦意が急速に落ちており、武田軍が大石寺に進出した翌十六日には、北条氏の拠点吉原城（富士市）が自落している。そのため今川・武田両軍は馬見墓《うまみはか》（富士宮市）で合流し、晴信は義元と対面した。晴信は義元本陣で一泊した後、十八日に東へ向けて進撃を開始し、同日に今井見付（富士市）、十九日に千本松（沼津市）、二十日に武田軍は岡宮近所ノ原（沼津市）に着いた。また、今川軍は長久保（長泉町）に分かれて布陣した。北条方の行動は、『妙法寺記』に「武田晴信様御馬ヲ吉原へ出シ被食《めされ》候、去程ニ相模屋形モ大義思食候而《おぼしめされそうろうて》、三島へツホミ被食候」と記述されているように、武田晴信の出陣にともない、その「大義」に応じて兵を退き戦線を縮小したものであった。おそらく、前年からの交渉などの積み重ねにより、北条氏康も晴信の仲介を信頼しており、さらに十四日の氏康からの書状による依頼にもとづく晴信との協議の結果、吉原を放棄し、駿東郡を今川氏に割譲する方向で合意がなされつつあったのであろう。

しかし、北条軍と今川・武田軍は和戦両様の態勢を解かず、今川軍は十九日に北条氏綱の舎弟葛山三郎長綱《かつらやまさぶろうながつな》（後の北条幻庵《ほうじょうげんあん》）と葛山氏元《うじもと》が守る長久保城を攻撃しており、武田軍も、二十七日に駿河・伊豆国境の黄瀬川《きせがわ》に架橋している（『高白斎記』）。また戦乱に巻き込まれて放火される寺院も相次ぎ、沼津の光長寺や本光寺などの日蓮宗寺院も焼け落ち、坊主たちは甲斐国の大原（河口湖沿岸の七郷を大原七郷と呼んだ）に逃れて戦乱が収まるのを待つしかなかった（『勝山記』）。

ところで、先に聖護院門跡道増の和睦斡旋を蹴ったほど今川氏との交渉に難色を示していた北条氏康が、なぜ武田晴信を仲介役とした交渉に応じ、しかも駿東郡を事実上割譲するような戦線縮小に応じたのであろうか。これには関東の情勢が密接に関わっている。氏康が駿河国富士郡・駿東郡で今川・武田両氏と対陣しているころ、関東管領上杉憲政《のりまさ》はこれを好機と見て、扇谷上杉朝定《ともさだ》を誘い、もと扇谷上杉氏の拠点で、当時は北条綱成《つなしげ》が守っていた河越城（埼玉県川越市）を大軍をもって包囲した。さらに古河公方足利晴氏《はるうじ》を説得して、十月には両上杉軍に迎え、古河公方と関東管領上杉氏の連合軍による「南方之凶徒」（北条氏）の討滅という構図を演出することに成功したのである。河越城は重囲に陥り、後詰《ごづ》めと頼む北条氏康本隊は駿河に釘付けという状態で、事態は北条氏にとって極めて不利であった。氏康が今川氏に対する態度を軟化させ、晴信に交渉の仲介役を依頼したと思われるのは、前後に敵を受けることにより、北条氏が窮地に追い込まれていたからである。

また氏康が、晴信を仲介役に選んだもう一つの理由として、武田氏と関東管領上杉氏との関係があげられよう。当時、武田氏はまだ扇谷上杉氏や山内上杉憲政とは断交しておらず、友好関係は維持されていた。つまり、氏康は晴信を通じて河越を攻撃している上杉憲政らとも同時に和睦を実現し、この危機を乗り切ろうとしたのであろう。実際に、晴信は上杉憲政とも連絡を取り合い、北条氏との和睦実現に向けて奔走していたらしい。これはおそらく北条氏からの申し入れによるものであろう。九月十四日の晴信宛北条氏康書状の内容は、今川氏との和睦はもちろんのこと、河越攻めをおこなう上杉氏との和睦仲介を依頼したものではなかろうか。

そして十月二十四日、武田晴信のもとに関東管領上杉憲政、今川義元、北条氏康の三者からの起請文《きしょうもん》が届けられた。これによって、武田氏を仲介とする上杉・今川・北条三氏の和睦が成立することになったのである。

こうして三者の起請文が揃うと、晴信はこれを義元に知らせ、二十六日には矢留《やどめ》（停戦）が実現した。その後、氏康と義元との間で「境目城ヲ捕立非分ニ氏康被懸取候ナリ」（『高白斎記』）とあるように、境目城《さかいめ》（長久保城か）をめぐって対立が再燃したようであるが、今川氏から三ヵ条の合意事項に大原雪斎《たいげんせっさい》・朝比奈氏が署判した文書が板垣信方・駒井高白斎のもとに届けられ、最終的に今川・北条両氏の和睦が実現した。これにもとづき、北条氏は十一月六日に長久保城を今川氏に明け渡し、軍勢を引き揚げた。晴信と義元も八日に、今後重大な事態が惹起《じゃっき》した場合には、相互に自筆の書状で協議することを確認しあって帰国した。

その後同盟強化に乗り出したのは、晴信と義元であった。天文二十一年（一五五二）十一月、義元の息女（氏真の妹、生母は晴信姉、貞恵尼）が、晴信の嫡男太郎義信に嫁ぎ、甲駿同盟が強化された。さらに、天文二十二年一月から二月にかけて、北条氏康と武田晴信の間で同盟締結と、その証として晴信息女（黄梅院）が氏康嫡男氏政に嫁ぐこととなり、それは同二十三年と決まった。

加えて、天文二十三年（一五五四）七月、北条氏康の息女（早川殿）が、義元の嫡男氏真《うじざね》に嫁ぎ、駿相同盟が成立し、さらに十二月には晴信息女が北条氏政に嫁ぎ、甲相同盟が成立した。こうして、武田・北条・今川三氏の甲相駿三国軍事同盟が成立したのである。これによって、武田・北条・今川三氏は、互いに背後を顧慮することなく、領国拡大に専念できるようになった。この戦国史上稀な軍事同盟の成立により、三大名は飛躍的な領国拡大に成功するのである。

関東管領上杉方の軍勢を撃破した小田井原の合戦と、志賀城主笠原氏の滅亡により、佐久郡は小諸《こもろ》城主大井高政を除いて、ほぼ武田氏の勢力下に入った。

## 二度の敗戦

勢いに乗った武田晴信は、天文十七年（一五四八）二月、雪を冒《おか》して信濃に出陣し、埴科郡《はにしなぐん》に勢力を誇る強豪村上義清《むらかみよしきよ》に決戦を挑んだ。だが、武田方に降っていた大井貞清は、秘かに村上義清や関東管領上杉氏と連絡を取っており、武田氏打倒を画策していた。

そして二月十四日、このような不穏な情勢下で行われた上田原の合戦で、武田軍は板垣信方、甘利虎泰、初鹿野伝右衛門尉《はじかのでんえもんのじょう》らを失い、初めての敗戦を喫してしまった。晴信はやむなく、一時退却したが、せっかく制圧したばかりの佐久郡では武田氏に対する反乱が勃発し、瞬く間に武田氏の勢力は失われた。また諏訪でも諏訪西方衆が村上氏や、信濃守護で林城（松本市）主である小笠原長時に通じて謀叛を起こした。

武田晴信は、七月十九日に、小笠原長時と安曇《あずみ》郡の強豪仁科道外《にしなどうがい》の連合軍を、塩尻峠の合戦で破り、九月には佐久郡の反武田勢力を鎮圧し、翌天文十八年（一五四九）にはほぼ佐久郡の再平定を完了した。そして、佐久郡平定を見届けると、天文十九年（一五五〇）に、安曇郡の仁科氏を調略《ちょうりゃく》し、七月に松本平に攻め込んで、小笠原長時を追放した。

上田原の敗戦から立ち直り、反武田勢力の挑戦を退け、信濃守護小笠原長時を追放することに成功した武田晴信は、村上義清を攻略すべく、捲土重来《けんどちょうらい》を期して、村上方の要衝《ようしょう》戸石城《といしじょう》（上田市）の攻撃を企図したのである。

　天文十九年七月に、小笠原長時を追放した武田晴信は、村上義清が北信濃で高梨政頼《たかなしまさより》と対戦中であるのを好機ととらえ、その隙をついて村上方の要衝戸石城を攻略するため、八月に出陣した。

　晴信は、戸石城を包囲しながらも、早速村上氏の家臣に勧誘の使者を送り、内部の切り崩しに着手した。その結果、川中島地方の領主清野《きよの》清寿軒《せいじゅけん》、須田信頼などが相次いで、村上義清を見限って、武田氏に従属することを約束してきた。

　武田軍は村上方の切り崩しに成功すると、いよいよ九月九日より戸石城の攻撃を開始した。ここに籠城していたのは、村上方の楽巌寺《がくがんじ》雅方《まさかた》、布下《ぬのした》仁兵衛《じんべえ》ら、武田氏により本拠を追われた人々であったと伝わる。しかし、要害堅固な戸石城は、攻撃開始から十日をへても、落城の気配を見せなかった。そして九月二十三日、村上義清が対戦中であった高梨政頼と和睦し、戸石城を救援するために行動中であるとの情報を武田方はつかんだ。晴信は、村上軍に攻撃された清野氏を援助するため、真田《さなだ》幸綱《ゆきつな》（真田昌幸《まさゆき》の父、幸村《ゆきむら》〈信繁〉の祖父）や、勝沼信元《かつぬまのぶもと》（武田一族、晴信の従兄弟）を派遣してこれを撃退した。

　だが、一ヵ月に及ぶ長期戦は武田方に不利と晴信は悟り、諸将と協議の結果、十月一日より撤退をすることとした。しかし、村上義清が軍勢を率いて、戸石城救援のための後詰めにやってきたため、撤退は困難が予想された。果たして村上軍は、撤退する武田軍に対し激しい追撃戦を展開した。武田方の殿軍は、終日追いすがる村上軍との合戦に明け暮れ、酉刻（午後六時ごろ）に、敵が諦めるまで休む間もなかった。そのため、武田方の殿軍には甚大な損害が出た。この合戦で、武田軍は横田《よこた》高松《たかとし》や郡内衆小沢《おざわ》式部《しきぶ》、渡辺《わたなべ》出雲守《いずものかみ》ら千余人が戦死し、武田方は武器を捨てて撤退したと噂されるほどであった。また武田方の戦死者は、五〇〇〇人にものぼるとの風聞も流れた。これほどの惨敗は、武田晴信の生涯でもこの戸石城攻防戦しかなく、武田方では、この合戦を「戸石崩れ」と呼び、信玄の生涯で唯一の軍配違い（作戦ミス）として語り伝えられた（『甲陽軍鑑』）。

# 川中島の戦い

## 村上義清の没落と長尾景虎の登場

武田晴信は、天文二十年（一五五一）五月に、手痛い敗戦を蒙った戸石城を陥落させると、同年から翌天文二十一年にかけて安曇郡で抵抗をつづける小笠原方の国衆を壊滅させた。そして、天文二十二年四月に、村上義清の本拠地葛尾城《かつらおじょう》（千曲市）に向けて行動を開始した。すでに晴信は、義清の家臣らに調略の手を伸ばしていたため、村上方はほとんど抵抗せず、次々と城は陥落していった。このため、義清は抵抗しえないと悟り、越後に向けて亡命した。

義清が頼ったのは、越後の若き国主になった長尾景虎《ながおかげとら》（のちの上杉謙信）である。景虎は、越後守護代長尾為景《ためかげ》の二男として享禄三年（一五三〇）一月二十一日に誕生した。このころの長尾氏は、為景が上条定憲《じょうじょうさだのり》らと対立し、激しい争乱を繰り広げていた時期にあ

図8　上杉謙信像（個人蔵）

たる（享禄・天文の乱）。だが為景は、天文五年四月に上条方との決戦に辛勝したものの、同年八月に引退に追い込まれ、家督を嫡男晴景《はるかげ》に譲り、天文十一年十二月に病没した。父為景を失った晴景は、病気がちでもあったことから、天文十二年に実弟の平三景虎を召し出して、政情不安定な古志《こし》郡へ派遣し、栃尾《とちお》城（長岡市）を与えた。景虎は、生母虎御前の実家古志長尾氏らを支持基盤に、周辺の国衆を切りしたがえ、さらに黒田秀忠らの反晴景方を討って、一躍注目を浴びた。これが景虎が歴史の表舞台に登場するきっかけとなった。兄晴景は、天文十七年十二月に隠居し、家督を景虎に譲った。

景虎は、守護代長尾氏の当主となり、春日山城（上越市）を本拠に置くと、天文二十年には上田長尾氏の長尾房長・政景父子を攻めて降伏させ、越後を統一した。また、これより先の天文十九年二月には、越後守護上杉定実が後継者のないまま死去していたため、景虎は名実ともに越後の国主になったのである。

村上義清が、武田晴信に追放されて景虎のもとを訪れたのは、越後統一まもないころのことだった。それでも景虎は、武田氏に追放された村上義清や、圧迫されていた高梨政頼

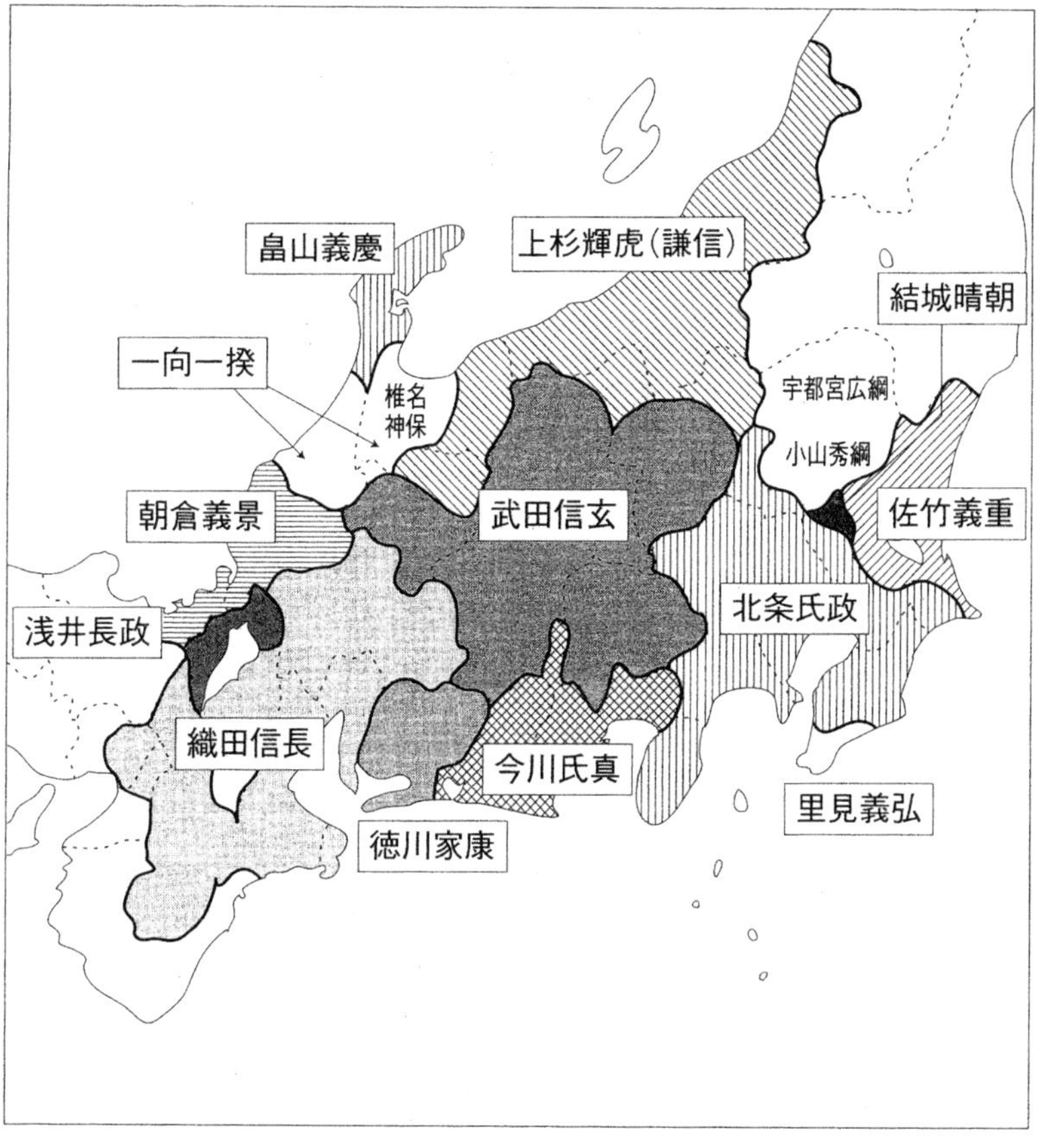


図９　戦国大名の勢力図（永禄11年武田信玄の駿河侵攻時点）

を無視することができなかった。特に景虎にとって高梨政頼は、父為景以来の盟友で、政頼の妻は父為景の妹（景虎の叔母）であり、しかもしばしば苦戦する為景に援軍を送ってくれた関係もあった。一族でもある高梨氏の苦境を、座視することはできない。そればかりか、村上氏だけでなく、高梨氏をも放逐すれば、武田晴信の勢力がさらにいきおいをまし景虎の本拠地春日山城も危うくなる。景虎は、武田晴信との対決を決意して、信濃への出兵を実施した。これにより、川中島《かわなかじま》を舞台とした、両雄の宿命の戦いがはじまるである。

## 第一次川中島の戦い

武田晴信（信玄）と長尾景虎（上杉謙信）が対戦した川中島の戦いは、天文二十二年（一五五三）から永禄七年（一五六四）まで、足かけ一二年間にわたって、五回行われた。最大の激戦は、武田信繁《のぶしげ》・山本勘助《かんすけ》（菅助）らが戦死した永禄四年（一五六一）の第四回戦である。両者は、善光寺平（川中島）の領有をめぐって、しのぎを削った。その経緯を紹介しよう。

天文二十二年四月九日に村上義清を追放した武田軍は、勢いに乗って川中島地方へ進出しようと軍勢を進めたところ、十二日に先発隊は八幡《やわた》（千曲《ちくま》市）で、五〇〇〇の長尾・村上軍と遭遇した。この長尾軍に景虎自身がいたかどうかははっきりしないが、この戦闘で武田軍の先鋒隊は撃破され、二十三日には占領していた葛尾《かつらお》城を奪回され、城番於曾源《おぞげん》八郎《ばちろう》らが戦死した。晴信は、長尾・村上軍との決戦を避けて深志《ふかし》城（松本城）へ撤退し、五月には甲府へ帰った。その間に、村上義清は小県郡を奪回し、塩田城（上田市）に入った。晴信は、七月二十五日に陣容を立て直して出陣し、村上方の諸城を次々に落としながら塩田城を目指した。これを恐れた義清は、八月五日再び越後に亡命した。義清の要請を受けた長尾景虎は、八月軍勢を率いて川中島へと進出し、九月一日に八幡で武田軍を部隊を撃破し、荒砥《あらと》城（千曲市）を占領した。

さらに三日には青柳に進んでここを放火したが、晴信は塩田城の本陣で長尾軍が武田領の奥地まで侵攻してくるのを見計らって、荒砥城や麻績《おみ》（東筑摩郡麻績村）で夜襲をかけさせた。両軍は夜戦で激しく衝突したが、長尾軍は不利を悟って八幡まで退くと、今度は塩田方面に向けて侵攻した。だが武田方の守りが堅かったため、それ以上は進めず、九月十七日に葛尾城下の坂木南条（千曲市）に放火しただけで撤退した。晴信は塩田城を出て途中まで出馬していたが、二十日に景虎の越後撤退が判明したため、軍勢を引き上げさせている。

## 第二次川中島の戦い

天文二十三年（一五五四）に伊那の知久氏を滅亡させ、佐久郡の反武田勢力を鎮圧した武田晴信は、長尾景虎の家臣に調略の手を伸ばし、北条高広《きたじょうたかひろ》を内応《ないおう》させ、反乱を起こさせた。景虎は、高広を降伏させるが、さらに武田氏により善光寺別当《べっとう》栗田永寿が離反し、善光寺が晴信の手中に落ちた。そのため景虎は失地を回復すべく、天文二十四年四月に信濃へ出陣して善光寺に布陣した。

これに対し栗田永寿は旭山城《あさひやま》（長野市）に籠城した。晴信も栗田を支援するため、川中島に出陣し、援軍三〇〇〇人に鉄炮三〇〇挺を装備させて旭山城に派遣すると、自らは全軍を率いて犀川《さいがわ》沿いに展開し、長尾軍と対峙した。景虎は、七月十九日に犀川を渡河《とか》して武田軍と戦ったが、めぼしい戦果を上げられず、その後両軍は決め手を欠き、二〇〇日に及ぶ対陣となった。両軍とも長期在陣によって士気の阻喪《そそう》や、補給に苦しみ、閏《うるう》十月十五日に駿河今川義元の仲介によって、両軍は和睦を成立させた。和睦の主な条件は、①武田方は旭山城を破却すること、②北信濃の国衆井上・須田・島津氏らを本拠地へ帰国させること、などであった。だが、村上義清の本領復帰は実現しなかった。もはや、この地域は武田領となってしまったからである。景虎も、村上義清復帰については議論を持ち出さなかったらしい。この合戦を契機に、両氏とも善光寺を自国に移転させることを考えはじめ、景虎は仏像や仏具などを越後に持ち帰り、晴信も甲府に善光寺の建立《こんりゅう》を決めるのである。

### 第三次川中島の戦い

弘治元年に景虎と和睦した晴信であったが、これを遵守《じゅんしゅ》する意志は毛頭なかった。撤退後から晴信は、善光寺周辺の国衆へ誘いの手を伸ばし、特に善光寺の裏を支配する葛山城主落合一族の切り崩しを図った。そして弘治三年二月、葛山城を奇襲してこれを陥落させた。

　武田軍の侵攻により、島津氏はせっかく回復した本領を捨てて、景虎を頼った。武田軍は、高梨氏の家臣たちを次々に降伏させ、飯山城へ迫った。景虎は軍勢を整えて、高梨氏を支援しようと焦ったが、豪雪のためなかなか陣容が整わず、ようやく善光寺に着陣したのは、四月二十一日になってからであった。景虎は、行軍の途上に、山田要害や福島城を陥落させ、善光寺に着陣すると、武田方となった葛山城を攻め、さらに第二次川中島の戦いで武田方の拠点となった旭山城を再興して防備を固めた。

　景虎は、五月に坂木、岩鼻にまで進出して放火したが、武田軍は遠巻きにして会戦に応じなかった。そのため、景虎は軍を転じて、野沢温泉に兵を向け、計見《けみ》城（日向《ひゅうが》城、木島平《きじまだいら》村）の市川藤若《いちかわとうわかふじわか》を攻めた（一説に野沢温泉村豊郷にある野沢城館ともいう）。市川氏は、武田晴信に後詰めを求め、懸命に抵抗した。市川藤若が降伏すれば、北信濃での重要拠点を失うこととなるため、晴信は市川藤若に書状を送り、支援の軍勢を差し向けたので、持ちこたえるようにと伝えた。その後まもなく、景虎は市川氏攻略を諦めて、飯山城に撤収したため、晴信は再度、六月二十三日に市川藤若へ書状を送り、今後は市川氏からの要請があり次第、晴信への報告と決裁をへずに、塩田城などから支援の軍勢を派遣するよう対処したので安心されたいと伝えた。

この書状を晴信から託され、市川藤若に手交《てわた》し、晴信からの口上を伝達したのが山本勘助（菅助）である。正確な古文書に、勘助が登場するのはこれ一点だけである。いずれにせよ、実在の山本勘助が、第三次川中島の戦いで活躍したことは確実である。長尾軍が北信濃で蠢動《しゅんどう》していたころ、晴信は自身の行動を秘匿しながら作戦を練り、秘かに深志城（松本城）に入った。武田方は長尾軍の意表を衝《つ》いて、七月に糸魚川《いといがわ》沿いに侵攻し、長尾方の飯森春盛らが守る小谷《おたり》城（小谷村）を陥落させた。武田軍の動きを知った景虎は、軍勢を差し向けたらしく、八月二十九日に上野原（長野市上野）で両軍が衝突した。その詳細は明らかではないが、両軍とも決め手を欠いたらしく、双方に甚大な被害は出なかったらしい。だが、この衝突を最後に、景虎は軍勢を撤収させ、見るべき成果をあげられないまま、九月に越後に帰国した。晴信も、十月に甲府に帰り、第三次川中島の戦いは終了した。

## 第四次川中島の戦い

第三次川中島の戦い終了後、長尾景虎は永禄二年（一五五九）四月から十月にかけて上洛し、将軍足利義輝に拝謁したほか、正親町《おおぎまち》天皇にも異例の拝謁を許された。この他にも、関白近衛前久《かんぱくこのえさきひさ》ら公家とも親しくつき合い、華やかな京都外交を展開した。景虎は、北条氏康に追われた関東管領上杉憲政を匿《かくま》っており、この上洛に際して、憲政を奉じて関東に出兵するための名分を獲得することと、それに見合った官位、家格を保証してもらおうとしていた。将軍義輝らは、景虎の要請に応え、上杉憲政の後援者としての地位を認め、さらに足利一門や三管領と同等の諸特権を与えて、景虎の地位向上を図ったのである。これには信濃の境目の国衆も動揺し、景虎が帰国すると太刀などを持参して、これを祝している。

景虎は帰国すると、永禄三年（一五六〇）八月、上杉憲政や関東の諸将の出兵要請を受諾し、関東へ出陣し、上野国を制圧した。このため、関東の諸大名や旧上杉家臣たちは続々と麾下《きか》に参じ、北条氏の領国は一気に松山まで後退した。さらに景虎は、武蔵国衆藤田氏・大石氏を通じて、武田信玄（晴信は永禄二年〈一五五九〉に出家して徳栄軒《とくえいけん》信玄と名乗っている）の従兄弟勝沼信元《かつぬまのぶもと》を調略した。だが、これは発覚し、信玄は十一月三日に信元ら勝沼一族を滅亡させている（『軍鑑』）。

明けて永禄四年（一五六一）三月、景虎は大軍を率いて南下をはじめた。北条氏康は景虎軍に対抗できず、小田原城へ籠城し、北条領国はさらに河越城のライン（二代氏綱のころの版図）にまで縮小した。これに対し、武田信玄と今川氏真《うじざね》はそれぞれ援軍を派遣している。やがて景虎は小田原城を包囲し、攻撃したが、なかなか城は陥落しなかった。そこで景虎は攻略を諦めて鎌倉へ赴き、長尾家臣や関東諸将の見守るなか、鶴岡八幡宮に参詣《さんけい》し、ここで上杉憲政の養子となり、関東管領職と山内上杉家を相続することを宣言した。

こうして長尾景虎は、上杉政虎《まさとら》と改名したのである。だが上杉継承と関東管領就任、政虎改名を、信玄・氏康はともに承認せず、以後も長尾景虎、後には長尾輝虎・謙信と呼びつづけるのである。

武田信玄は、北条氏康を支援するため、永禄四年五月北信濃に出兵し、割ケ岳《わりがたけ》城を陥落させ、越後国境を脅かした。このため政虎は、関東攻略に専念できず、六月越後に帰国せざるをえなくなった。政虎は怒りに燃え、信玄との決戦を期して、八月十四日春日山城を出陣し、川中島《かわなかじま》へ向かった。

一方の信玄は、永禄三年（一五六〇）に政虎が関東を荒らし回っている隙に、川中島を押さえるための拠点として海津《かいづ》城を築城していた。これは山本勘助が縄張りをしたと伝わる。信玄は、海津城が完成すると、ここに腹心香坂弾正忠虎綱《こうさかだんじょうのじょうとらつな》（春日虎綱、いわゆる高坂弾正）を配置し、小畠虎盛《おばたとらもり》（『軍鑑』の編者小幡景憲《おばたかげのり》の祖父）らを補佐として入城させていた（小畠虎盛は、永禄四年六月に病没）。

一万三〇〇〇人の軍勢を率いて、信濃へ出陣した上杉政虎は、八月十五日に善光寺に着陣すると、十六日には犀川を渡河して川中島に侵入し、武田方の海津城を横目にしながらさらに千曲川《ちくまがわ》をも渡河して、妻女山《さいじょさん》に布陣した。

海津城代香坂虎綱は、ただちに信玄のもとへ政虎襲来の急報を送った。信玄は、二十四日に川中島に進出し、二十九日に海津城へ入った。そして九月九日、武田軍は軍議を開き、武田軍を二手に分け、一隊は妻女山を夜襲すべく秘かに迂回《うかい》し、十日早朝に攻撃を開始する。いっぽうの信玄本隊は、川中島の八幡原に布陣し、妻女山の上杉軍が山を下りて来るのを待ち伏せして攻撃し、さらに妻女山別働隊も、背後から上杉軍に襲いかかり、本隊と挟み撃ちにするという作戦を採用した。ところが、政虎はこれを見抜き、夜に入ると上杉軍は山を下り、雨宮の渡しで渡河して、八幡原の武田軍本隊に向けて行動を開始した。

明けて九月十日、早朝よりの濃霧が晴れると、上杉軍は、信玄本隊に猛攻を開始した。この乱戦の中で、武田軍の陣地は次々に切り崩され、信玄の実弟典厩信繁が戦死し、両角《もろずみ》虎光《とらみつ》も討たれた。総崩れになれば信玄戦死の可能性もあった武田軍は、必死で上杉軍の攻撃を凌いだが、信玄の旗本《はたもと》衆まで攻め込まれ、初鹿野源五郎《はじかのげんごろう》・安間三右衛門《やすまさんえもん》・三枝新十郎《さいぐさしんじゅうろう》ら侍大将のほか、武田一族油川《あぶらかわ》彦三郎も戦死し、武田義信（信玄の嫡男）も負傷した。

信玄の本陣に、上杉政虎が単騎で突っ込み、馬上から信玄に三太刀斬りつけ、信玄がこれを軍配で受け止めたというのは、この時の逸話である。武田軍は、妻女山夜襲隊が川中島に駆けつけたことから、形勢を逆転させ、上杉軍を善光寺に追い崩した。この戦いで、武田軍は四千余人が、上杉軍も三千余人が戦死したと伝えられる。これ以後、両雄が直接激突することはなかった。そして、この戦い以後、武田信玄と上杉政虎の戦場は関東へと移る。

### 第五次川中島の戦い

輝虎《てるとら》（政虎は永禄四年〈一五六一〉十二月に輝虎と改名する）は、永禄三年以来、毎年のように関東に侵攻し、北条氏康を苦しめていた。信玄は同盟国北条氏を支援しつつ、新たな領土拡大のため、川中島の戦い直後の、永禄四年十一月には上野国に出兵し、以後連年にわたり北条氏と協力して、上杉軍と上野国や武蔵国で対戦し、上野国西部を着々と切り取っていった。特に、永禄九年（一五六六）九月、上野国箕輪城に拠る長野氏業《うじなり》を滅亡させたことで、西上野は武田氏の支配下に組み込まれた。信玄は、箕輪城を修築し、ここに重臣浅利信種を入れて、西上野支配の拠点とするのである。

さらに信玄は、関東に輝虎の目が向けられているのを好機ととらえ、永禄七年に飛驒《ひだ》侵攻を企図した。これは飛驒を手中に収めて、越中の一向一揆《いっこういっき》と協調し、越後侵攻を実行に移すための布石であった。信玄は、さらに会津黒川の葦名盛氏《あしなもりうじ》に要請し、北から越後へ侵攻させ、輝虎を牽制する手はずを整えた。そして、飯富昌景・甘利昌忠らを飛驒へ進撃させた。このため、上杉方の三木自綱・江馬輝盛らは苦境に陥り、輝虎に支援を求めた。これに対し、七月、輝虎は軍勢を率いて信濃に侵攻し、善光寺《ぜんこうじ》に着陣すると、八月三日に犀川を渡って川中島に布陣した。

信玄は、所在を秘匿しながら深志から川中島の入り口にあたる塩崎城（長野市篠《しの》ノ井《い》）に入り、飛驒の武田軍を撤収させる指揮をも執っていた。輝虎は、信玄との決戦を望んだが、信玄はそれを避け、対陣六〇日に及んだ。その間、関東では北条軍が上杉方の諸城を攻撃しはじめていたため、輝虎もこれを放置できなくなり、ついに十月一日、越後へ引き上げた。そして、川中島を舞台にした両雄の戦いはこれで終了する。輝虎は、何度も信玄との決戦を行おうとするが、信玄は第四次を除いて決して無理をせず、輝虎が撤退した後に、川中島地方を領土にする作戦を取り、それが奏功して、飯山以北を除くすべての信濃国を領土にすることができた。そして信玄は、次の戦略に向けて動き出そうとするのであるが、ここで重大な事件が発生するのである。

## 義信事件

第五回川中島の合戦が終了したころから、武田家には不穏な空気が立ちこめ始めていた。それは武田信玄と、嫡男武田太郎義信《よしのぶ》の対立であった。『軍鑑』によれば、すでに永禄四年の川中島の激戦直後から、作戦をめぐって信玄と義信との対立が起こり、これが長くつづく父子の不和のもととなったとされている。義信は異母弟諏訪勝頼が高遠城主に就任することにも不満をもっていたとあり、部屋住みから一城の主となる異母弟勝頼のことを快く思っていなかったという。

さらに信玄の戦略をめぐって、義信との対立は決定的となった。その契機は、信玄が織田信長の要請を受諾して締結《ていけつ》に踏み切った、武田・織田同盟（甲尾同盟）である。永禄八年（一五六五）九月九日に信長は、織田忠寛《ただひろ》を使者として信玄のもとに派遣し、美濃《みの》が織田領になりつつある情勢と、それが信玄の領域である木曾《きそ》郡と接することになる現実を踏まえて、同盟を結ぶことを望んだ。その条件として、信長は養女苗木《なえき》氏（遠山直廉《なおかど》女）を、信玄の息子諏訪勝頼のもとに輿入れさせることとしたのである。この交渉は実に早くまとまり、十一月には勝頼のもとに、信長の養女が輿入れしている。

これが、武田氏と今川氏、さらに信玄と義信との関係を決定的に悪化させたらしい。信玄は、駿河今川氏真に、今川義元への弔《とむら》い合戦として、共同で三河《みかわ》国徳川家康領国（信長と家康は当時同盟関係にあった）へ侵攻することと、作戦成功時の領土分割を提案したという。『軍鑑』によれば、それは永禄十一年五月のことであったとされている。だが、氏真はこれを拒否した。その理由として氏真は、信玄が信長と婚姻関係を結んだことを指摘し、今川氏の仇敵である信長の縁者となった以上は、もはや信玄も半敵対勢力であるといったという。これが事実かどうかは確認できないが、甲尾同盟が今川氏との関係を悪化させた可能性は高い。

そして、武田義信が、信玄暗殺のクーデターを計画したとして、突然後継者の地位を剥奪され、甲府の東光寺に幽閉されたのである。このクーデター未遂事件が、義信事件である。この事件は、『軍鑑』の記述を唯一の典拠としている。それによれば、永禄七年七月に義信と側近の飯富虎昌《おぶとらまさ》、曾根周防《そねすおう》らが度々密談しているのを御目付《おめつけ》が察知したことから陰謀が露見し、飯富虎昌の実弟飯富昌景《まさかげ》（山県昌景《やまがたまさかげ》）が信玄に信玄暗殺の企図を記した密書を差し出して事実と確認されたといわれている。そこで信玄は、クーデターの首謀者として飯富虎昌・曾根周防・長坂源五郎《ながさかげんごろう》らを処刑し、その一派をすべて捕らえて、粛清ないし追放処分としたという。ところが、『軍鑑』をはじめとする記録をいくら調べても、なぜ義信が信玄暗殺を企てたのかという肝心な動機については何の記述もないのである。

筆者は旧著『川中島の戦い』下巻で、この事件の経緯を時系列で検討し、次のように推定したことがある。まず『軍鑑』などが記す永禄七年（一五六四）七月の密謀発覚説であるが、これは翌年六月に武田義信とその側近である長坂・曾根氏らが、甲斐国二宮美和《にのみやみわ》神社に太刀を奉納した奉加帳《ほうがちょう》が残っていることから（『山梨県史』資料編四県内文書七八二号）、おそらく『軍鑑』の記述違いで、実際には永禄八年七月と考えられる。また飯富虎昌らの成敗を、永禄八年（一五六五）正月としているが、同年十月二十三日に武田信玄が、事件を憂慮して見舞いの手紙を出してきた上野国小幡民部助《おはたみんべのすけ》に宛てた返書の中で、飯富虎昌の密謀が露見したので即刻成敗したとあることから（『山梨県史』資料編五県外文書一一七四号）、虎昌成敗は、この手紙が出された直前の、永禄八年九月か十月と推定した。

ところが近年、飯富虎昌の処刑された日が新発見の史料によって判明した（丸島和洋「高野山成慶院『甲州国供養帳』―『過去帳（甲州月牌帳）』―」『武田氏研究』三四号）。

甲府飯富（虎昌）殿ニヤワタ（八幡）三井宗三
光山道円禅定門　永禄八 十月十五日　霊位
永禄十年丁卯六月廿八日登山之時立之

高野山に飯富虎昌の供養を依頼したのは、八幡（甲斐市、飯富氏の所領）の三井《みつい》宗三《そうぞう》という人物で、おそらく飯富虎昌の被官であろう。この史料から、飯富の処刑は、永禄八年十月十五日のことで、信玄の小幡民部助宛書状は、その八日後に発給されたものであり、旧著の推定は間違いなかったことが確認できる。クーデター勃発とその失敗は、この直前（十月十日前後）と推定できよう。

また、小幡民部助への書状では、信玄は義信との関係は良好である旨を印象づけようとしているので、この時点では信玄は義信を訴追する意志はなく、あくまで飯富虎昌に密謀の罪状を着せることで事態の収拾を図ろうとしたものと思われる。つまりこの時点では、義信はまだ幽閉されていなかったことがうかがえる。

さて、事件の推移を整理してみると、永禄八年七月に事件が察知され、十月十日前後にクーデターが実行に移されたものの失敗し、十五日に飯富虎昌らの義信派は粛清・追放され、その後義信自身も幽閉されて、永禄十年（一五六七）十月に死去したと考えられる。

このように見て来ると、武田義信と義信派が何のためにクーデターを決行しようとしたのかがはっきりする。このクーデターは、甲尾同盟成立（九月）と、諏訪勝頼と信長養女遠山氏との婚礼が実施される、十一月のちょうど中間に位置する十月中旬に発生しているので、武田義信が何としても阻止したかったのは、信長と信玄との同盟であったことはまちがいない。義信が何故、それほどまでに織田との同盟を拒否したかったのか。それは、義信の妻が今川氏真の妹であったことや、義信の生母で、信玄の正室三条夫人が今川氏の仲介で輿入れしてきたことなど、母子ともに今川氏との関係が深かったことが背景にあると考えられる。つまり義信は、武田家中における今川派の巨頭であったのである。義信は、信長との同盟が、今川氏との敵対関係を必然化し、武田と今川との衝突を不可避とすると考えていたのであろう。そして義信は、武田氏の家運隆盛はあくまで三国同盟堅持にあると認識していたのであろう。このように、信玄と義信との対立は、信玄派（領土拡大派）と義信派（三国同盟維持派）との対立であったと考えられる。

駿河侵攻と織田信長との同盟問題をめぐって対立していた武田信玄と義信父子の関係は、遂に修復されることなく、義信は甲府東光寺に幽閉された。そして信玄は事件発覚後の永禄九年（一五六六）八月二十三日に、重臣長坂昌国《ながさかまさくに》・三枝昌貞《さいぐさまささだ》・武藤常昭《むとうつねあき》から起請文を提出させ、「御気色悪敷人《みけしきあしきひと》 并《ならびに》 御家中之大身《ごかちゅうのたいしん》」「朋友之調《ほうゆうのととのえ》 并《ならびに》 徒党立《ととうたて》仕間敷候《まじくそうろう》」などのように、武田氏家臣団内部で派閥を構成しないことを誓約させ、また特定の人物と「入魂《じっこん》」しないことも約束させていた（「生島足島《いくしまたるしま》神社文書」）。おそらく、武田家中から一斉に同様の起請文が提出されたのであろうが、その全貌は定かでない。

こうした間にも、恵林寺《えりんじ》の快川紹喜《かいせんじょうき》・長禅寺春国光新《しゅんこくこうしん》・東光寺《とうこうじ》藍田恵青《らんでんけいせい》をはじめ、周囲の人々が懸命になって、義信と信玄両者の調停に乗り出すが、父子の関係は結局好転せず（『山梨県史』県外記録五九三頁）、ついに義信は、永禄十年に幽閉先の甲府東光寺で自害した。享年三〇歳であった。

義信が死去した永禄十年、信玄は五月に上野国惣社《そうじゃ》城を攻略するが、それ以後まったく対外戦争を停止している。それどころか、武田信玄が如何なる内政・軍事・外交をしていたのかすら、史料がないためほとんどわかっていない。それは義信事件が最終段階を迎えたことや、駿河今川氏真との関係が急速に悪化したことと関係があろう。

そして信玄は、永禄十年八月七日に甲斐・信濃・上野の家臣二三七人から、起請文を提出させ、信玄に忠節を尽くし、二心のないことなどを誓約させた。そしてこの起請文を信《しな》濃《の》国小県郡生島足島《いくしまたるしま》神社（下之郷大明神《しものごうだいみょうじん》）に納めたのである（永禄十年の起請文を俗に「下之郷起請文」と呼ぶ）。この起請文には、信濃衆はもちろん、甲斐・西上野衆などのものにも「当国諏方上下大明神」との文言があることから、信濃に信玄が集結させ、その上で書かせて提出させたことが明らかである。起請文作成の意味は、武田信玄の家中引き締めにあることは間違いないが、問題はなぜこの時期に、わざわざ信越国境や甲駿国境、信遠国境の国衆（春日虎綱・穴山信君・木曾義昌・下条信氏ら）を除いたほぼ全軍を信濃に集結させ、作成と提出をさせたかである。

　そこで注目されるのは、今川氏真が有名な武田領国への塩留め（塩の売買を禁ずること）を指示するのが、永禄十年八月十七日であるという事実である（『静岡県史』資料編七―三四一〇号）。氏真のこの塩留めが武田家臣団の起請文提出時期と符合しているのは、この起請文提出に氏真が危機感を覚えたからではないかと思われる。では、氏真が起請文提出に危機感を持ったのはなぜであったのか。それは信玄への起請文提出が、今川氏と親しかった義信の廃嫡および処断の通達と連動していたからではないだろうか。義信廃嫡を家中に布告し、同時に切腹させることもあわせて知らせ、動揺する家臣団を押さえ込み、家中を結束させるために提出させたのではないだろうか。わざわざ武田家臣団を信濃に集結させたのは、こうした意味があったからではなかろうか。そして、起請文提出と今川氏真の塩留めの二ヵ月後にあたる十月十九日に義信は東光寺で自害するのである。

　氏真は翌十一月に信玄に要請して、義信未亡人（氏真妹、嶺松院《れいしょういん》）を駿府へ引き取ることを申し入れた。信玄は氏真の起請文提出と引き換えに駿府へ送り届けることを約束し、十一月十九日に義信未亡人は駿府に帰ったのである（「武徳編年集成」等）。そして今川氏真は、義信の死によって武田信玄の駿河侵攻を阻むものがなくなったと感じ、武田軍が駿河攻略のために動くことを予想し、同年十二月秘かに上杉輝虎と同盟交渉に入るのである。

# 駿河侵攻

## 駿越交渉

今川氏真は、武田義信が死去すると、妹の義信未亡人（嶺松院《れいしょういん》）を甲府から引き取ったが、三国同盟の継続に関する信玄の真意に不安を抱くようになる。そこで氏真が考慮の末に決断したのは、信玄の宿敵上杉輝虎との和睦交渉であった（以下は長谷川弘道「永禄末期における駿・越交渉について」『武田氏研究』十号による）。永禄十年（一五六七）十二月、氏真は使僧遊雲斎永順《ゆううんさいえいじゅん》を上杉氏のもとに派遣し、また輝虎も使僧要明寺を駿河に派遣して、両氏の交渉が始まった。そして永禄十一年四月には、今川氏の重臣三浦氏満・朝比奈泰朝が担当となり、上杉氏との交渉が本格化した。そのさいに今川氏は、嶺松院の帰国に際して北条氏康・氏政父子に仲介の労をとってもらったことや、信玄が氏真に誓詞《せいし》を要求したことなど、三国同盟内部の内幕を暴露してしまっている。

さらに、信玄は謀略が得意であるから、惑わされないためにも、上杉氏のもとへ信玄より計略の書状などが届いたならば、今川方にも知らせてほしいと要請した（『歴代古案』『静岡県史』資料編七―三四五五・六号）。この結果、三国同盟内部の情報は、上杉方へ漏洩することとなった。この事実を、信玄も、おそらく北条氏康もまだ知らなかった。

氏真と輝虎は、永禄十一年四月の段階で、①両氏は武田信玄の動向に注意し、互いに裏切る行為をしない、②輝虎は、氏真の要請があり次第、信濃に出兵する、③信玄の裏切り（同盟破棄）はそう遠くない時期であろうから、両氏は連絡を緊密にする、④輝虎の元へ信玄より計略の書状などが届いたら直ちに知らせるなどを骨子《こっし》とした密約をほぼ成立させていた。これが、対武田軍事同盟へと発展する可能性は十分にあったが、その後の交渉の進展については明らかでない。いずれにせよ、駿越交渉は、今川氏真が信玄・氏康とともに対上杉軍事同盟でもある、甲相駿三国同盟を維持しながら進んでいた。これは、信玄や氏康に、背信行為と受け取られかねない動きであった。

ところが氏真自身は、永禄三年の上杉輝虎の関東侵攻にさいして、北条氏康のもとへ援軍を派遣した経緯はあるが、直接上杉氏と干戈《かんか》を交えた事実はなく、父義元の時に、信玄と輝虎の和睦仲介を行った実績もあるため（弘治元年の第二次川中島合戦）、特に敵視をしていたわけではなかったらしい。実際に、氏真が父義元以来、輝虎とは友好的な関係にあると交渉過程で強調しており、これが外交上の口上なのか、それとも真剣にそう考えていたのかは不明である（『静岡県史』資料編七—三四三四号）。いずれにせよ、氏真は義信の死をきっかけに、いちはやく武田氏に対する対策を進め、その相手を上杉輝虎にしたのであった。しかし、氏真は信玄に翻弄される。駿越交渉が本格化した同じ永禄十一年四月に、突然、上杉輝虎と武田・北条両氏が和睦するとの風聞が流れ、慌てた今川方では、それが事実ならば、今川氏が三氏和与の仲介役になりたいと申し出ている（『静岡県史』資料編七—三四五八号）。だがこのような事実はなく、おそらく武田信玄が流した風聞だったのであろう。

## 今川氏真の没落

氏真が上杉輝虎との和睦交渉を開始したのとほぼ時期を同じくして、武田信玄も秘密交渉を開始していた。相手は三河の徳川家康である。信玄は永禄十一年（一五六八）二月、織田信長の仲介により、その同盟国徳川家康と同盟交渉に入った。それは、今川領国を東西より共同で挟撃《きょうげき》することと、今川氏滅亡後は、大井川を境界に東部を武田領、西部を徳川領にするとの密約であった（『三河物語』他）。

しかし、信玄は駿河侵攻を実現するためにも、上杉輝虎の動きを封じておく必要に迫られた。そこで永禄十一年三月、信玄は越後侵攻作戦を企図する。これまでも信玄は越後侵攻を目論んだが、いずれも輝虎の機敏な反撃と、信越国境の上杉方城郭の防御に阻まれて実現していなかった。ところが折しも、揚北衆本庄繁長《あがきたしゆうほんじようしげなが》が輝虎に謀反を起こし、武田信玄に支援を求めてきたのである。本庄繁長は、輝虎が越中出陣中の間隙《かんげき》を衝いて挙兵し、同じ揚北衆中条藤資《なかじようふじすけ》らを勧誘して勢力の拡大を狙った。また信玄は、会津葦名盛氏《あしなもりうじ》に越後侵攻にさいしては、支援をするとの約束を取り付けており、これにしたがって葦名氏は、四月には、繁長支援のため家臣小田切弾正《おだぎりだんじようのじよう》忠らを越後に派遣する手はずになっていた。

本庄繁長軍は、五月には越後鮎川城を攻撃したが、輝虎はすでに中条藤資から本庄謀反の情報を受けており、鮎川城救援のための軍勢をただちに派遣した。これに対して葦名氏からの援軍はなかなか到着せず、繁長はやむなく本拠地村上本城（村上市）に撤兵して、武田信玄らの応援を待った。

いっぽう信玄は、六月三日に軍勢の召集を布告し、七月には全軍を率いて北信濃へ出兵し長沼城に本陣を据えた。そして、上杉方の飯山城や、北国街道を押さえ信越国境を守るために輝虎が築城した関山城に猛攻撃を仕掛けたのである。だが上杉軍は、飯山・関山両城を守り抜き、武田軍の信越国境突破を許さなかったのである。

だが武田軍の北信濃への大攻勢は、武田氏の北信濃支配にとって重大な画期となった。この時期に信玄は、北信濃の諸士や寺社に対して、所領安堵《あんど》や替え地宛行《あてがい》などを集中して実施しており、北信濃領国化をほぼ実現したのである。残るは、野尻湖周辺と飯山城以北の信越国境地帯のみが上杉領国として残されることになった。そして本庄繁長の謀反を契機にした武田信玄及びこれに協力する諸勢力の攻勢により、上杉輝虎は信越国境と越中口防衛、本庄繁長攻撃のように、三手に軍勢を分けざるをえず、しかも本庄は武田信玄から兵粮《ひょうろう》などの支援を受けて頑強に抵抗したため、輝虎は越後に釘付けにされてしまった。輝虎は本庄繁長と信玄との連絡を遮断するため、上野国沼田城将松本景繁らに命じて、上野と越後の交通路の監視を強化し、本庄繁長を孤立化させようと懸命になった。武田軍は十月まで北信濃の長沼に在陣し、その後甲斐に撤兵した。本庄繁長は、その後信玄の支援がないまま上杉軍の重囲に陥り、永禄十二年（一五六九）三月輝虎に降伏している。

本庄繁長謀反を契機にした武田信玄の北信濃攻勢は、上杉氏を封じ込める作戦であると同時に、今川氏の眼をそらす、信玄の陽動《ようどう》作戦でもあった。信玄は本庄繁長の反乱に乗じて信越国境を脅かし、北信濃の支配を安定させて軍勢をいったん引き揚げると、ただちに今川氏打倒の準備に入った。

すでに、甲駿国境は、十月後半には封鎖されていた。この時信玄は、今川氏の家臣たちへ調略を触手を伸ばしており、葛山氏元・朝比奈右兵衛大夫（信置）をはじめとする人々は内通の意志を明らかにしていた。この調略には、駿河に追放されていた父武田信虎の功績が大きかったとも伝えられる（『松平記』）。そしてついに信玄は、突如今川氏真と断交し、十二月六日に甲府を出陣して南下し、駿河侵攻を開始したのである。

信玄は、同盟国北条氏康・氏政父子にも、今川氏との断交と、今川領侵攻を打診したらしい。そのさいに、駿河侵攻の理由を、今川氏真がひそかに上杉輝虎と内通していたことを掲げ、これこそ「信玄滅亡之企《のくわだて》」であると断じていた。信玄が、いつ駿越交渉を察知したのかは定かでないが、かなり早くにその情報をつかんでおり、これを軍事侵攻の口実にしたことはまちがいない。信玄の出陣に呼応して、徳川家康も岡崎を出陣し、遠江《とおとうみ》に侵攻すると、今川方の諸城を次々と陥落させた。

今川領国は内応者があいついであっけなく崩壊し、氏真は命からがら懸川城（静岡県掛川市）に脱出した。信玄は、十二月十三日に駿府《すんぷ》を占領した。この事態に、氏真夫人（北条氏康息女）も乗る輿はおろか、徒足裸足《かちはだし》で駿府を脱出する有様であった。そのため北条氏康は激怒し、武田信玄との同盟を破棄して氏真支援を決定した。こうして当初は、信玄の思惑通り進んでいた事態が急変していくのである。

## 駿府放棄

駿府をあっけなく占領した武田信玄であったが、同盟国北条氏康・氏政父子はついにこの軍事行動を了承せず、ただちに信玄と断交し、軍勢を率いて駿東郡・富士郡を制圧すると、武田軍の駿府占領と同じ十三日には、薩埵《さった》峠に布陣してその退路を遮断した。しかも、今川家臣富士信忠《ふじのぶただ》が大宮城（富士宮市）に籠城し、甲駿国境を封鎖してしまったのである。加えて駿河・遠江国境では、今川重臣大原資良《すけよし》・三浦氏らが花沢城（焼津市）、長谷川正長《まさなが》が徳一色城《とくいっしき》（後の田中城、藤枝市）、由比・浅原・斉藤氏らが伊久見山《いくみやま》（島田市）に籠城し、武田軍のこれ以上の侵攻を防いでいた（『家忠日記増補追加』他）。このため信玄は、腹背に敵を抱え、さらに補給にも事欠くようになり、苦境におちいった。

さらに、信玄の家臣秋山虎繁の軍勢が、信濃国伊那より北遠江に侵入し、見附《みつけ》（磐田市）に至り、十二月十八日に共同作戦をとっていたはずの徳川軍と衝突した。この事態に、家康は信玄に厳重な抗議を行った。信玄は釈明して、秋山を撤退させ、両氏の関係に変化がないことを誓約したが、これを契機に徳川家康は、信玄との関係断絶に傾斜していく。だが家康も、このころ遠江に侵攻したものの、高天神《たかてんじん》城の小笠原氏助をはじめ、袋井《ふくろい》の有力国衆久野《くの》氏、二俣城の鵜殿氏長《うどのうじなが》・松井和泉守《まついいずみのかみ》ら、有力な今川家臣が存在していたため、信玄とただちに断交することもできなかった。

明けて永禄十二年（一五六九）正月二十六日、北条氏政は薩埵峠に陣を据え、本格的な武田軍の封鎖に着手した。武田軍も、陣城を構えてこれに対抗し、北条軍の封鎖を突破しようと図るがうまくいかず、事態は長期戦の様相を呈しはじめた。

さらに、武田軍が薩埵峠の北条軍と対峙している間に、手薄になった駿府一帯では、井川・安倍で今川旧臣の土豪たちが一揆衆を組織して蜂起し、各地で武田方と戦い、北条方と連絡を取って支援を求めはじめた。武田軍は有力な部将がその鎮圧に乗り出すが、一揆衆は山々に退避して、武田方に捕捉させなかった（「南条文書」『静岡県史』資料編七—三六一七号）。

そして三月には、懸川城を包囲する徳川家康と、籠城する今川氏真との間で、和睦の機運が高まりはじめた。これが成立すれば、事態は最悪になると考えた信玄は、同盟国織田信長に申し入れ、さらに四月七日には、直接家康と交渉して、家康と氏真との和睦を中止させようとしたが、事態は好転しなかった。

信玄は、北条氏を牽制するため、北関東の反北条勢力と連絡をつけ、佐竹義重・宇都宮広綱をはじめ、下総《しもうさ》関宿城の梁田晴助《やなだはるすけ》、下野の茂木氏《もてぎし》らとも同盟を結び、北条氏を挟撃する手筈を整えた。それでも、北条氏を薩埵峠から引き離す効果はなく、信玄は四月、興津《おきつ》城に穴山信君、久能山城に板垣信安らを配備すると、二十四日に駿府を放棄して帰国を決断した。武田軍は、興津川をさかのぼり、事前に普請を進めていた道を通り、甲駿国境の樽峠を越えて甲斐に引き揚げた。撤退の際には、北条軍に追撃されるなど、危険極まりない行軍ではあったが、武田軍はさほどの損害もなく、帰国することができた。

## 甲越和与の成立

駿河に在陣していた武田信玄にとって、最大の懸念は、越後上杉輝虎の動向であった。実際に、信玄と断交した北条氏は、永禄十一年（一五六八）十二月十九日には、上杉氏に使者を派遣し、自ら積年の対立を超えて、武田氏を打倒すべく和睦を打診していた（『上越市史』別編一―六二八号）。輝虎もこれに興味を示し、翌永禄十二年一月十三日には受諾を表明した（『上越市史』別編一―六四〇号）。だが、越相一和から同盟へと発展するまでには、さまざまな曲折があり、しかも両者の思惑の相違から、長い時間が必要となった。

信玄にとって幸いであったのは、武田氏に呼応して上杉氏に反乱を起こしていた本庄繁長がなおも村上本城で籠城し、輝虎を釘付けにしていたことと、永禄十一年冬から翌十二年春にかけては、中部から東北地方一帯は、まれに見る豪雪に見舞われていたため、越後や信越国境での軍事行動が不可能であったことである（「正法寺年譜住山記《じゅうざん》」『信長公記』他）。だが、信玄にとって情勢は一刻の猶予もなかった。そこで信玄が実現に向けて全力を傾注したのは、宿敵上杉輝虎との和睦（甲越和与）であり、しかもそれは越相一和とつづく越相同盟に先んじて実現したのである。この事実は、従来知られていなかったが、近年、丸島和洋氏が明らかにしている（「甲越和与の発掘と越相同盟」『戦国遺文武田氏編』六巻月報）。

それによれば、信玄は同盟国織田信長を通じて、将軍足利義昭に上杉輝虎への和睦斡旋を依頼した。これを受けて、義昭と信長は、永禄十二年二月、輝虎に甲越和与を命じる御《ご》内書《ないしょ》を発給した（『上越市史』別編一―六五五・六号）。信玄にも三月には、御内書が届けられ、信玄はこれを受諾すると即答している（『戦国遺文武田氏編』一三七六号）。だが、武田・上杉両氏の交渉は難航したらしい。そこで義昭・信長は、輝虎に繰り返し和与の受け入れを促し、五月にはほぼ和与の条件が整い、七月下旬には甲越和与が成立した。これによって、信玄は上杉氏の信濃・西上野侵攻という最大の懸念から解放されたのである。

意外な事態の展開の中で、割を食ったのは北条氏であった。越相一和は実現したものの、最も期待を寄せていたのは上杉氏が信濃や西上野へ侵攻することに他ならなかった。越相一和の交渉過程でも、最初から北条氏が依頼したのは、上杉氏の武田領出兵であり、それを繰り返し提示していたのである。だが、北条氏が何度要請しても、輝虎はこの好機に武田領へ侵攻しようとはしなかった。その謎は、永禄十二年（一五六九）七月、輝虎自身より明らかにされる。輝虎は家臣鮎川盛長《あゆかわもりなが》に対して、信濃へ出兵しようとしたところ、武田氏より和与が持ちかけられたので、ひとまず延期したのだと述べた（『上越市史』別編一―七八〇号）。つまり和睦交渉中であるため、攻撃はできないということである。北条氏がいくら催促しても、輝虎が腰を上げなかった理由がここで明確となった。

輝虎は、越相一和の交渉と同時並行で、甲越和与の交渉をも行っていたのであり、武田・北条両氏の対立などを考慮しながら、上杉氏にとって有利な政治情勢を作り出そうと、虚々実々の外交を展開していたわけである。加えて、武田信玄の行動に嫌悪感を抱いていた徳川家康も、永禄十二年二月には輝虎と急接近を図っており、関東・中部・東海の政治・軍事情勢のキャスティングボードを、輝虎が握ることとなった。その中で、輝虎といち早く和与に漕ぎ着けた信玄が、北条・徳川両氏に先んじることができたのであり、危機的状況の中で、信玄は情勢の突破口をつかんだのであった。

## 北条氏との対決

永禄十二年（一五六九）四月二十四日に駿河より撤退し、同二十八日に甲府へ帰還した信玄は、駿東郡・富士郡を制圧して、武田方の籠城する興津・久能山城を威圧する北条軍を牽制するため、五月初旬には軍勢を八王子筋に派遣した。そして、滝山城などを脅かし、転じて津久井口に出て、相模にも侵入した（『戦国遺文後北条氏編』一二一八〜一二二〇号他）。この地域は、駿河への動員により守備兵が手薄となっていたため、北条氏は対応に追われた。だが、この軍勢に信玄はいなかったらしい。また六月には、箕輪城主浅利《あさり》信種《のぶたね》らの西上野《こうずけ》衆が、武蔵《むさし》に侵攻して、御岳《みたけ》城《じよう》を攻撃し、同五日にはこれを陥落させた。別働隊で関東を牽制すると、信玄自身は、六月十六日には御殿場口《ごてんばぐち》より駿東郡に侵入し、北条綱成《つなしげ》・松田憲秀《のりひで》らが守備する深沢城（御殿場市）を攻撃し、十七日には三嶋（三島市）に放火すると、さらに富士信忠が籠城する大宮城を攻撃した。富士氏は七月八日に降伏し、武田氏は甲駿国境の補給路を再開させることができた。いっぽうの北条氏も、六月には西上野の武田方小幡信尚《おばたのぶなお》や長根《ながね》衆を調略して離反させた。このため武田方は、七月に武蔵国秩父郡三山谷に別働隊を侵攻させた。この軍勢は鉢形《はちがた》方面へと進み、北条方と交戦している。

信玄は、大宮城を攻略すると、いったん甲府に帰陣し、八月二十四日にふたたび出陣して信濃国碓氷峠を越え、西上野から南下して武蔵に入った。九月九日には鉢形城（埼玉県寄居町）を包囲し、さらに北条氏照の籠もる滝山城（東京都八王子市）を攻撃した。だが信玄は、いずれも攻略できないまま包囲を解き、そのままさらに南下して、十月一日には北条氏の本拠地小田原城を包囲した。城外の各地で北条軍との小競《こぜ》り合いがあったが、北条氏は外に出て戦わず、籠城に徹したため、信玄は同四日に包囲を解いて帰国の途についた。これを知った北条氏康・氏政父子は、追撃すべく軍勢を整え、その後を追った。また武田軍に攻撃されて籠城していた、北条氏照・氏邦兄弟をはじめとする関東の諸将は、相模三《み》増峠《ませとうげ》（神奈川県愛川町）に集結して、武田軍を待ち伏せていた。信玄は、十月六日に三増峠で、北条氏照らの軍勢と戦い、これを撃破した。武田軍の後を追っていた北条軍本隊は、この合戦に間に合わなかった。武田軍は、この合戦で箕輪城主浅利信種を失ったが、翌七日には無事に甲斐国上野原に到着した。

こうして関東はおろか、北条氏の本拠地小田原城をも脅かした信玄は、いよいよ駿河再出兵を企図した。ところが十一月に上杉輝虎が関東に出陣し、上野《こうづけ》国沼田城に到着した。北条氏はこれを喜び、いよいよ武田領侵攻への期待が高まったが、輝虎は下野《しもつけ》に兵を進め、北条氏の予想を裏切った。これは、甲越和与が機能していたことと、輝虎自身が武田氏との本格的な軍事衝突を避けたいと考えていたためである。北条氏政は落胆し、輝虎に抗議したが、上杉氏は動くことはなかった。いっぽうの信玄は、輝虎の関東出陣の知らせを受け、様子をうかがっていたが、上杉軍が甲越和与を破棄する可能性は低いと考え、十二月に駿河出陣を計画した。これには、信玄の家臣たちより反対論が続出し、上野の防備強化の必要性を主張する意見が大勢を占めた。しかし信玄は、これを押し切って十二月六日に駿河に出陣し、北条新三郎《しんざぶろう》氏信兄弟（北条幻庵《げんあん》の子）・清水・笠原氏ら伊豆衆の籠城する蒲《かん》原《ばら》城を攻撃して、これを陥落《かんらく》させた。これにより、退路を遮断された薩埵峠の北条軍は自落して逃亡し、武田軍は駿府へ迫った。駿府は、今川方の岡部正綱らが守っていたが、信玄より依頼された臨済寺《りんざいじ》鉄山宗純《てつざんそうじゅん》の仲介により、岡部らは十三日に武田氏に降り、信玄は駿府再占領に成功した。

信玄は駿府を占領すると、そのままそこで越年し、明けて永禄十三年（元亀元年・一五七〇）正月四日より、大原資良らの籠城する花沢《はなざわ》城を攻撃した。だが城の抵抗は激しく、武田軍には甚大な被害が出た模様で、穴山信君《あなやまのぶぎみ》重臣万沢遠江守《まんざわとうとうみのかみ》もこの攻防戦で戦死している。だが武田軍による連日の猛攻で、花沢城は正月二十七日に開城した。花沢城の開城を知った徳一色城の長谷川正長も降伏し、武田氏は北条氏に押さえられていた富士・駿東郡を除く駿河を制圧した。その後信玄は、元亀元年五月には富士郡吉原や駿東郡沼津で、八月には駿東郡興国寺《こうこくじ》城《じょう》や伊豆国韮山《にらやま》城でそれぞれ北条軍と対戦した。さらに九月から十月にかけては転じて武蔵に侵攻するなど、北条氏に揺さぶりをかけた。そして十二月上旬には、またもや駿河に入ると、駿東郡深沢《ふかざわ》城や興国寺城を攻め、そのまま越年した。明けて元亀二年正月三日、信玄は深沢城に矢文を送り、城将北条綱成らに降伏を促した。その結果、同十六日に北条綱成らは降伏し、城を渡して本国へ去った。深沢城の陥落により、武田氏は北条氏より駿河を奪取することにほぼ成功したのである。

### 徳川氏との対決

武田信玄との共同作戦で今川領国に侵攻した徳川家康は、当初は遠江を順調に計略していったが、今川氏真が懸川《かけがわ》城に籠城し、武田軍が駿河から撤退すると、今川方の頑強な抵抗に苦しめられた。家康は、作戦の初期段階で、武田方の秋山虎繁らと遠江で衝突していたことから、信玄との同盟維持を考え直すようになったものと思われる。家康は、遠江平定が進捗しないことから、三月八日に、籠城する今川氏真に対し、北条氏康と共同で信玄を討ち、駿府へ氏真を帰還させることなどを申し入れて開城を呼びかけた。家康は、十三日には上杉輝虎からも今川氏との和睦を促されている（『静岡県史』資料編七―三六六一号）。

この結果、永禄十二年（一五六九）五月六日、氏真とその夫人（早川殿、氏康息女）は懸川城を出て、北条氏康のもとへ身を寄せた。氏真夫妻は、掛塚湊より海路で蒲原《かんばら》まで行き、その後は北条軍に護衛されて、伊豆国戸倉城（大平城との説もある）に入った。そして、五月二十三日に、氏真は北条氏政の子国王丸（後の氏直）を養子とし、駿河などの今川領国を譲与すると誓約した。こうして戦国大名今川氏は滅亡したのである。その後、氏真夫妻は、小田原に迎えられた。

いっぽうの信玄は、家康が北条氏らと結ぶ動きがあることを察知し、五月二十三日に織田信長へ書状を送り、家康が北条氏と和与せぬよう働きかけを依頼した。だが家康は、武田氏との対決を予測し、北条氏との関係改善の働きかけを進めるいっぽうで、越後上杉氏との対武田軍事同盟の締結へと動きはじめる。しかし、当時、甲越和与の最中であった上杉氏は、北条氏と同じく、徳川氏とも武田氏を目標にした軍事同盟の締結にはなかなか応じなかったようである。

家康は、氏真降伏後、遠江平定を推進した。さらに本拠地を三河《みかわ》国岡崎より、遠江国見《み》附《つけ》に移転させることを企図し、永禄十二年（一五六九）秋より城之崎《きのさき》城の普請を実施した。しかし、天竜川《てんりゅうがわ》を西に控える見附では、緊急時の救援が困難であるとの織田信長の意見を容れて、引間《ひくま》を本拠地に据えることとした。引間城（もと今川家臣飯尾氏の居城）を接収した家康は、元亀元年（一五七〇）六月に引間城の拡張普請を開始し、ここを浜松城と改めて、岡崎より九月十二日に移り住んだ。

家康は、元亀元年八月より、甲越和与を破棄した上杉輝虎との同盟交渉を本格化させ（輝虎は元亀元年八月に甲越和与を破棄した）、十月八日には双方が起請文を提出して、上杉・徳川同盟が成立した。その際に、家康は織田信長が武田信玄と断交するよう働きかけることを約束した。こうして、家康が武田氏と手切れを宣言したことから、元亀二年一月に北条氏の勢力を駿河からほぼ放逐した信玄は、徳川家康を攻撃目標として動くことになる。

元亀二年二月、武田信玄は駿河より大井川を超えて遠江に侵攻し、徳川方の拠点小山城を陥落させると、さらに進んで三月には高天神《たかてんじん》城を攻撃した。だが、小笠原氏助らの抵抗により、信玄はこれを落とすことができず撤退した。信玄は休む間もなく、翌四月には信濃から三河に侵攻し、同十五日には鈴木重直の守る足助《あすけ》城を陥落させて、ここに伊那衆下条信氏を配備し、さらに南下して浅賀井・阿須利・八桑・大沼・田代城などを次々に攻略した。また、武田軍はさらに三河を南下し、山家三方衆の田峯菅沼氏、長篠菅沼氏、作手奥平氏を味方につけて野田城を攻め、菅沼定盈《さだみつ》を追うと、徳川方の要衝《ようしょう》吉田城（愛知県豊橋市）を目指した。しかし、途中の二連木砦《にれんぎ》で、四月二十九日に徳川軍と交戦し、これを撃破したものの、後詰めに出てきた徳川家康を捕捉できず、吉田入城を許してしまった。その後、家康は籠城して戦おうとしなかったため、信玄はやむなく付近を荒らし回った後に撤退し、五月上旬には甲府へ帰っている。この一連の作戦で、徳川領国は武田軍に席巻され、奥三河を失うという痛打をこうむった。信玄は、これらの成果を足がかりに、最後の作戦を展開することとなる。

## 甲相同盟の復活

武田信玄との断交後、上杉輝虎と和睦した北条氏康・氏政父子であったが、その後、これを対武田軍事同盟へと発展させる交渉は難航を極めた。それは、輝虎が信玄と和睦をしていたことや、輝虎自身が信玄との軍事衝突を避けようとしていたこと、また上杉氏と北条氏との同盟条件がかみ合わなかったことなどが原因である。問題であったのは、①関東管領は輝虎を正当と認定すること、②上野国は上杉本国であることから割譲すること、③越相同盟に反対する関東の諸大名を納得させるためにも、武蔵六ヵ所（第一次関東侵攻時に輝虎に味方した国衆の領域）と松山城（埼玉県東松山市）の一帯を割譲すること、の三点であった。

輝虎は、永禄三年（一五六〇）の第一次関東侵攻時、すなわち上杉氏継承と関東管領就任の時点での国分《くにわけ》（領土分割）を、氏康は北条氏が自力で獲得した永禄十二年（一五六九）時点での勢力範囲での国分を主張したわけである。双方は、甲越和与がなくとも、簡単に合意に至らなかったのは当然であろう。氏康・氏政父子は、輝虎の主張に大幅に譲歩し、上野一国の割譲と、武蔵六ヵ所を、上杉氏に渡すことを決断した。このため、越相同盟は永禄十二年閏五月、合意に至り、輝虎の元には氏政の次男国増丸《くにますまる》が養子として入ることなどが約束された。しかし、肝心の信濃・西上野の武田領への出兵はなかなか実現しなかった。それは、越相同盟成立の前月である五月には、甲越和与が成立していたからである。北条氏はこの事実を知らなかったらしい。輝虎は、甲越和与と越相同盟を利用しながら、失われた関東での権益回復を目指そうとしたのであろう。

その間に、武田信玄の北条氏攻撃は激しさを増し、十月には小田原城まで包囲され、三増峠の合戦で敗れるという事態にまで追い込まれた。輝虎が永禄十二年十一月に越山し、沼田に着陣すると、北条氏は武田領攻撃への期待を高めたが、案に相違して翌永禄十三年（元亀元年〈一五七〇〉）正月に下野《しもつけ》佐野氏を攻撃した。このままでは同盟破綻に至ることを恐れた氏康は、武蔵国岩槻城に太田資正を帰還させることや、養子を氏政の次男国増丸ではなく、氏康の七男三郎とすることなどを了承した。このころには、甲越和与の存在は北条氏の知るところとなっており、三郎の養子入りの時期をめぐって、輝虎は甲越和与破棄以前を、氏康は破棄以後を主張して譲らなかった。結局、輝虎の主張が通って、四月に三郎が越後に入り、二十五日に輝虎の姪（長尾政景女）と結婚して、正式に輝虎の養子となり、景虎の諱《いみな》を与えられた。だが、越相同盟の成果はここまでであった。輝虎は、元亀元年七月には甲越同盟破棄を決意し、八月には破棄を宣言した（丸島和洋氏前掲論文）。それでも輝虎は、武田領への侵攻を実施しなかった。

元亀二年（一五七二）正月、駿河国駿東郡深沢城などを武田軍に攻められていた北条氏政は、上杉謙信（輝虎は、元亀元年十二月出家し改名）・景虎に援軍派遣を要請した。だが、謙信自身は越中《えっちゅう》出陣に専心し、援軍として直江景綱・長尾顕景《あきかげ》（後の上杉景勝《かげかつ》）らを上野国沼田に派遣したに過ぎず、これも武田軍と本格的な衝突に至ることはなかった。

ところが、四月に武田氏と北条氏が和睦したとの噂が流れ、謙信は事実関係を氏康に詰問し、氏康は事実無根であると弁明した。確かに和睦はしなかったが、信玄が申し入れをした可能性はある。この後、北条氏と上杉氏は次第に疎遠になっていく。それは、氏康が病に倒れたからである。その時期ははっきりしないが、八月三日に氏康の病気平癒《へいゆ》を祈願した大般若経《だいはんにゃきょう》の転読がなされ、同十三日の時点で氏康は、子供たちの見分けがつかず、食事も飯と粥《かゆ》を一度に差し出すと、食べたいものを指差すという状況で、ろれつもまわらず、意志の疎通がままならないとされている（『戦国遺文後北条氏編』一五〇二号、『神奈川県史』資料編3下七九九〇号）。おそらく中風を発症したのであろう。

氏康の政治的影響力は低下し、ついに復活することなく、元亀二年十月三日に死去した。これと時期を同じく、信玄は北条氏政と同盟復活の交渉に入った。同盟復活は、氏康の遺言といわれるが定かでない。むしろ、虚々実々の駆け引きを弄《ろう》し、同盟を締結した後も誠意を見せようとしない上杉謙信を、北条氏が見切ったというのが実情であろう。両氏の交渉は極秘裏《ごくひり》に進められ、武田氏では十二月十七日にほぼ同盟の合意がなされたことを確認しており、北条氏は十二月二十七日に同盟成立を正式に一門や家老衆に告知した。これを受けて、氏政は謙信に越相同盟破棄を通告し、信玄と国分（領土分割）を実施した。

翌元亀三年正月八日、北条氏は駿河で保持していた興国寺城を武田氏に引き渡し、沼津の平山城を破却した。そして両氏の境界は、狩野《かの》川と黄瀬《おうせ》川とすることとなった。また武蔵国で武田氏が確保していた御岳城は、遅れて元亀三年十一月七日に北条氏に引き渡された。なお上野国では、武田氏による領域変動はなく、西上野の領有を以前のように認めることで決着した。こうして信玄は、北条氏との甲相同盟を復活させ、背後を顧慮することなく、西へと向かうことが可能となった。

# 信長包囲網の形成と西上作戦

## 織田信長をめぐる政治状況

武田信玄は、甲相同盟を復活させると、いよいよ西に向けての準備に入った。信玄が上洛の意志を明確にし、それを宣言したのは、元亀二年（一五七一）五月のことである。信玄は、大和《やまと》国松永久秀家臣岡周防《すおう》守に宛てて、織田信長が将軍足利義昭をないがしろにしていることを非難し、信長を「追伐」するのに協力すべく、上洛すると述べている（『静岡県史』資料編八—三三八号）。信玄が上洛を決意したのは、将軍足利義昭と織田信長との対立が表面化したことが契機であろう。将軍義昭の支援を名目に、西へと勢力を拡大しようとしたためと思われる。まさに、大膳大夫を称する信玄の考え方がよく現れている。

すでに信玄は、元亀元年（一五七〇）四月に、足利義昭側近一色藤長《いっしきふじなが》に書状を送っているが、その中で、「出頭人」が隣国の諸士に出した書状の認め様と、それを上意御下知であると称している事実について、口上《こうじょう》で特に申し上げることがあると記している（『戦国遺文武田氏編』一五三五号、以下『戦武』で統一）。この「出頭人」とは、名指しこそしていないものの、織田信長その人であり、彼の振る舞いや義昭の名の下に発給される書状には異議があると、信玄はいいたかったようである。信玄がこの書状を送る三ヵ月前の、永禄十三年（元亀元年）正月二十三日、信長は将軍足利義昭に条目を与え、その実権を事実上奪取していた。これは、将軍の権限を空洞化し、実権を掌握しようとする信長と、それを阻止しようとした将軍義昭との対立の結果であった。義昭は敗れ去ったのである。つまり、信玄は、信長の室町幕府将軍義昭への処置などに不快感を抱いており、これを義昭と共同で除こうという意志を固めていったものと思われる。信長が政局運営の実権を完全に掌握したことにより、信玄が将軍義昭に依頼していた、息子勝頼への官途叙任と、偏諱《へんき》の授与は実現しないまま終わった。

しかし、信玄は信長への敵意を悟られぬように行動する。元亀元年六月五日には、浅井長政・朝倉義景と対決するため近江に出陣した信長に見舞いの書状を送っており、両氏の関係が良好であることを示している（『戦武』一五五〇号）。ところがこの一〇日後の、六月十五日には、信長の仇敵朝倉義景に書状を送り、若狭武田義統死去後、その子孫犬丸を庇護《ひご》したことを感謝しており、ひそかに接触を図っていた（『戦武』一五五一号）。

その後信玄は、将軍足利義昭らと謀りながら、信長と対立する戦国大名や不満を抱く勢力と連絡を頻繁に取り、信長包囲網の形成を急いだ。この結果、元亀三年までには、近江国浅井長政、越前国朝倉義景、大和国松永久秀、摂津国石山本願寺《せっついしやまほんがんじ》と各国の一向宗《いっこうしゅう》門徒、美濃国遠藤胤基《たねもと》・慶隆《よしたか》らと、信長を打倒するための共同戦線を確認し、包囲網はほぼ完成させた。この他に、信長に服属を余儀なくされていた、伊勢国北畠具教《きたばたけとものり》らとも信玄は連絡を取っており、松永久秀に庇護されていた、もと美濃守護土岐《とき》氏も旧臣の招きにより美濃に入った。これは信長打倒の同志を募る政治工作であったとされている。さらに、信玄は直接関与していないが、松永久秀は畿内の三好義継《みよしよしつぐ》らと密接に連携を取り合い、信長打倒に向けて動き出していた。

信玄が最も重視したのは、本願寺と一向宗門徒との連携であった。特に越中や加賀の一向一揆は、上杉謙信を北陸に釘付けにするためにも、その協力が不可欠であったからである。本願寺も信玄の要請を容れて、越中の一向一揆と上杉軍を対戦させ、五月から開始された両軍の戦闘は、断続的に翌元亀四年（天正元〈一五七三〉）正月までつづき、ほぼ越中情勢が好転したため、謙信が越後に帰国できたのは、信玄が死後の四月二十一日のことであった。つまり、一向一揆は信玄の作戦期間中は、その期待通り謙信を北陸に足止めさせることに成功したのである。

信長包囲網の形成を受けて、信玄は元亀三年五月に、将軍義昭に忠節を誓う起請文を送り、義昭はこれに応えて、信玄に対し五月十三日付で御内書を下し、「天下静謐《せいひつ》」のために軍事行動をせよと命じた（『山梨県史』県外文書編四六五号）。これにより、信玄は信長打倒のための大義（天下静謐）を獲得し、自己の正当性を手中に収めたのである。

さて信玄は、元亀三年（一五七二）七月、突如飛騨に侵攻し、上杉方の有力国衆江間輝盛《えまてるもり》を攻めた。この合戦では信濃木曾《きそ》衆が主に活躍し、これに東美濃遠山直廉《とおやまなおかど》らも援軍として参陣したらしい。武田氏は八月初旬に、木曾衆への論功行賞を行い、九月には江馬輝盛が上杉謙信のいる越中の陣営に身を寄せているので、作戦は成功したようである。飛騨の上杉方は放逐され、武田氏が支配するところとなった。ところで、一見上杉謙信との対抗上と見られがちな飛騨侵攻は、その意味を含みつつも、別の意図が隠されていた。すなわち、この直後から美濃国郡上《ぐじょう》郡の遠藤氏への懐柔《かいじゅう》工作がはじまっており、その後、遠藤氏が武田氏に内応すると、信濃―飛騨―美濃のルートは、近江・越前への連絡回路として機能するようになる。信玄が西上する準備は、こうしてほぼ整ったのであった。

## 東美濃の異変

武田信玄が出陣の準備を整えていた頃、東美濃を支配する遠山一族に異変が起こっていた。岩村城主の遠山景任《かげとう》と、苗木城主の遠山直廉兄弟があいついで病死したのである。その理由は定かでないが、直廉の死は飛騨国三木氏との合戦で受けた疵《きず》が原因といわれる。おそらく、武田氏の飛騨侵攻戦と関係があろう。直廉の死去は元亀三年五月十八日とされ（「遠山家譜」「信濃国伊那開善寺過去帳」）、景任の命日は定かではない。これについて上杉謙信は、同年十月十八日付の河田長親《ながちか》宛の書状で、遠山兄弟が病死したことを伝えているので、景任も直廉とほぼ同じ時期に死去したのであろう。

　この結果、後継の城主をめぐって遠山一族では内紛が起き、信長は織田信広と河尻秀隆を派遣して岩村城を奪取し、遠山七頭と呼称される遠山一族を支配下に置き、留守中の岐阜城には佐久間信盛ら二千余人を配備した（『上越市史』別編一―一一三〇号）。それまで遠山一族は、武田・織田両氏の狭間で勢力を蓄え、景任は信長の叔母を正室に、直廉は息女を信長の養女（後に武田勝頼の正室になる）に出していた。また武田氏にも援軍を送るなど、両属の関係を保っていた。それが、元亀三年九月から十月にかけて、織田信長の完全な支配下に編入されたのであった。これは、信玄の西上作戦にとって打撃であった。西上作戦にさいして、信玄は岩村城の占領を戦略の一つにしていたからである。信長は、武田信玄が動き出す直前に、東美濃を制圧し、両属の均衡を保っていた遠山一族を織田方に編入したのであった。謙信はこれを、織田方にとって吉事《きちじ》であると述べている。信玄の部将秋山虎繁《とらしげ》による東美濃侵攻は、この事態を転回させる目的があったと考えられる。

### 信玄出陣

信玄が出陣するとの風聞は、元亀三年九月には近江国にも流れていたが、病気のため延期されていたらしい。だが信玄は領国下の軍勢の結集を進めており、さらに北条氏より家臣大藤氏らの援軍をえると、九月二十九日に山県昌景を先発させ、十月三日には信玄本隊が甲府を出陣した。

このころ信長は、将軍義昭とともに、信玄と謙信の和睦斡旋を行っており、信玄が出陣した十月には謙信の同意を取り付けていた。そこで信長は、十月五日に信玄に書状を送り、甲越和与の調停中であるから、越後への出馬は止めていただきたいと考えていたところ、同意を得て喜ばしいと述べている（『織田信長文書の研究』補遺一三〇号）。つまり信長は、信玄の出陣準備が謙信を攻撃するためのものと思っていたらしい。だが信長が書状を認めた十月五日には、すでに信玄は三河・遠江・美濃へ向けて行軍中であった。

武田軍のうち、山県昌景率いる別働隊は、信濃国伊那より奥三河を経由して、山家三方《やまがたさんぽう》衆《しゅう》をしたがえつつ、元亀二年の侵攻のさいには入手しなかった柿本《かきもと》城（愛知県新城市）を攻撃した。そして、ここを守る鈴木氏を放逐し、さらに山吉田（新城市）を奪取して遠江に入り、鈴木氏が逃げ込んだ井平《いだいら》城（静岡県浜松市）をも攻略して三河と二俣《ふたまた》方面の連絡路を遮断した。昌景はここに部隊の一部を駐留させ、自身はそのまま二俣城（静岡県浜松市）に向かった。この山県衆の行動は、家康の本国三河と浜松との遮断を狙ったものであろう。

　また、伊那で情勢をうかがっていた秋山虎繁の率いる軍勢は、東美濃に侵入し、岩村城を攻撃した。このころ、在番していたはずの織田信広や河尻秀隆がいないので、信長が武田軍の侵攻を知って招集した間隙《かんげき》を衝《つ》いて、秋山は攻勢に出たのであろう。守備が手薄であった岩村城は、十一月十四日に開城し、信長の叔母で遠山景任未亡人は、秋山虎繁の妻となることで決着した。また信長の子で、景任の養子となっていた御坊丸は信玄のもとへ送られた。岩村城に入った秋山虎繁は、山県昌景が侵攻した後に、残留させた奥三河の奥平定能らを指揮下に入れ、東美濃・奥三河の武田方を統括する役割を与えられた（『戦武』一九九五号）。

　上杉謙信との仲介に動いていた信長は、武田軍の東美濃侵攻を知ると激怒し、十一月二十日付の書状で、謙信に対し、甲越和与のために義昭とともに努力していたのに、信玄の所行は前代未聞の無道《むどう》さであり、侍の義理を知らぬことだと吐きすて、今後は未来永劫《みらいえいごう》、信玄とは二度と手を結ぶことはないと述べている（『上越市史』別編一―一一三一号）。信長は、同月二十二日に側近梁田広正《やなだひろまさ》を徳川家康のもとへ派遣し、さまざまな作戦の指図を行おうとしているが（『織田信長文書の研究』上三四四号）、それは三方原の合戦の当日であり、梁田は間に合わなかった可能性が高い。

信玄自身は、十月十日に信遠国境の青崩峠《あおくずれとうげ》を越え、従属した北遠江の国衆で犬居城《いぬい》（静岡県浜松市）主天野藤秀を案内者に、ここで軍勢を二手に分け、別働隊に只来城《ただらい》（浜松市）を攻略させて、要衝二俣城の包囲に向かわせた。そして信玄本隊は、信州街道を南下し、天方城《あまがた》、一ノ宮城、飯田城（以上、静岡県森町）などをあいついで攻略し、向笠《むかさ》（磐田市）・各輪《かくわ》（格和、掛川市）なども奪取した。さらに久能城を包囲したが、城主久能氏が激しく抵抗したため、無理押しせずに過ごし、そのまま袋井《ふくろい》に進路を向けた。

いっぽうの徳川家康は、武田軍の状況を把握するため、十月十四日ごろ、大久保忠世《おおくぼただよ》・本多忠勝《ほんだただかつ》らを見附（磐田市）へと先発させ、自身も天竜川を越えて見附へと向かった。この出陣は、酒井忠次・石川数正らの有力部隊を率いていないので、敵状偵察であったとされている。ところが、家康らは、見附の東に位置する三箇野《みかの》（三ケ野）にさしかかったところで、武田軍と接触しその追撃を受けた。このため、家康一行は、見附を抜けて浜松へと退却をはじめたが、武田軍の追撃は迅速であった。これにより徳川軍は、見附の町に火を放ち、退却の時間を稼ごうとしたという（『三河物語』他）。しかし、ついに一言坂《ひとことざか》で武田軍に追いつかれた。そのため、本多忠勝らが殿軍を努めて武田軍の攻勢を凌ぎ、ようやく家康らは虎口《ここう》を逃れて天竜川を渡り、浜松に帰城することができた。

信玄は家康を追撃せず、見附・袋井の一帯を制圧すると、天竜川沿いを北上し、匂坂《さぎさか》

（磐田市）を陥れ、ここに一族穴山信君を配備し、さらに合代島《ごうだいじま》（磐田市）に布陣した。この一連の作戦で、家康は掛川城の石川家成《いえなり》、高天神城の小笠原氏助ら遠江東部の有力な徳川方との連携を遮断されてしまった。このうち、高天神城主小笠原氏助は、信玄に降伏を打診していた可能性がある（『戦武』一九七六号）。また、匂坂に布陣した穴山信君は、遠江の今川旧臣三浦元政《みうらもとまさ》に帰国を呼びかけ、本領への復帰を勧めている（『戦武』一九八四号）。武田氏による、遠江の国衆や地侍らに対する工作が開始されたのである。

武田軍は、勝頼を主力とする軍勢を二俣城に差し向け、攻撃を開始した。武田軍の二俣《ふたまた》城攻撃がいつからはじまったのかについては、明確ではない。武田氏による二俣攻撃の事実が史料から明確になるのは十一月十九日のことで（『戦武』一九八九号）、それ以前であることだけは間違いない。

二俣城には家康家臣中根正照・青木又四郎らが籠城し、天竜川に囲まれた堅固な地形を生かして、頑強に抵抗をつづけた。信玄は、簡単に落城すると考えていたらしいが、武田軍は攻めあぐねた。そこで信玄は、力責めにしようとしたが、山県昌景・馬場信春が城の検分を行った結果、土塁は高くとても不可能であり、城方は天竜川から滑車で釣瓶《つるべ》を降ろし、水を汲んでいるようなので、この水の手を押さえるのが適切と進言したことから、これを破壊する作戦に出た。武田方は、天竜川の上流から筏を組んで下ろし、水を汲むために、城から天竜川に構築された井楼に衝突させ、これを破壊した。これ以後、二俣城は渇《かっ》水《すい》に悩み、籠城して約二ヵ月持ちこたえていたが、家康の後詰めもなく、十二月十九日遂に開城した。中根正照らは、浜松城に退いた。信玄は二俣城の修築を行い、ここに信濃衆依田（芦田）信守・信蕃父子を配備して、十二月二十二日早朝、二俣城を出発した。

### 三方原の合戦

武田信玄が遠江に侵攻し、東美濃岩村《いわむら》城が陥落すると、武田氏に帰属を申し出る織田方の士卒も出はじめた。かねてより信玄と誼《よし》みを通じていた、美濃国郡上郡の国衆遠藤胤基《たねもと》・慶隆《よしたか》が武田氏に協力すると申し出てきたため、信玄は十一月十二日付で遠藤加賀守勝胤《かつたね》（胤基の家臣）に宛てて、来年の春に美濃に侵攻する予定であるから、その時に武田方に寝返ることにしてほしいと述べている（『戦武』一九八七号）。また朝倉義景に与えた十一月十九日付の条目にも、遠藤氏に鉈尾《なたお》（岐阜県美濃市）で砦を築くように指示したとあり、美濃侵攻の一手として重視していた。さらに、近江国日野城主蒲生賢秀《がもうかたひで》（もと六角氏家臣）も、朝倉義景に内通の意志を明らかにしたという（『戦武』一九九五号）。

さて信玄は、十一月十九日付の朝倉義景宛条目において、今後の作戦について披瀝《ひれき》している。それによれば、①信玄の作戦は、朝倉氏・石山本願寺との連携が不可欠であること、②郡上郡の遠藤氏を引き入れて、美濃攻略の有力な部隊にすること、③来年五月には、武田軍と朝倉軍が共同作戦を行うこと、④そのさいには、石山本願寺に依頼して一向一揆を蜂起させること、⑤特に伊勢長島の一向一揆を重要な味方として恃《たの》むこと、などである。信玄は、この時点で信長打倒のため美濃侵攻を来春に実施し、そのさいには信長の兵力を分散させるために、畿内やその近国の一向一揆に蜂起《ほうき》させることを考えていた。その上で、武田軍が美濃に入ると同時に、遠藤氏や伊勢長島の一向一揆が蜂起し、これらと朝倉軍が連携できれば信長を滅亡させることが可能と考えていたらしい。

実際に、武田信玄は自身でも三河・遠江・美濃・尾張の一向宗門徒への働きかけを行っており、また信玄の要請を受けていた本願寺顕如《けんにょ》も、武田軍に協力するよう指示を出していた。その結果、元亀四年正月二十七日までには、三河国勝鬘寺《しょうまんじ》（家康を苦しめた三河一向一揆の拠点の一つ）では、近日進発するとの返事を顕如に知らせてきており、また伊勢長島の一向一揆は、顕如の命令により、岐阜とわずか三里の場所に要害を構築し、ここに日根野弘就《ひねのひろなり》（もと美濃斎藤・駿河今川・近江浅井氏の家臣）を配備していた（『静岡県史』資料編八―五九〇号）。信玄が、朝倉義景に述べていた本願寺との連携による美濃侵攻は、決して絵空事ではなかったのである。特に三河の一向宗門徒が蜂起すれば、家康は信玄の背後をうかがうことなど不可能になってしまう。

信玄は、来春の美濃侵攻に向けて、能う限りの準備を整え、十二月二十二日早朝、当面の敵である徳川家康の居城浜松城へ向けて進撃を開始した。家康は、信長より平手汎秀・佐久間信盛ら三〇〇〇人の援軍を受けていた。この事実は、信玄も十一月十九日には察知している。武田軍は、天竜川を渡河すると、秋葉街道《あきばかいどう》を南下し浜松城に迫った。ところが、浜松城下には来ず、その手前の欠下から三方原《みかたがはら》台地へと向きを変えて上がってしまった。その後、大菩薩で小休止をすると、そのまま西進して追分に至り、ここから姫街道を北上しはじめた。ここで信玄は、浜松城攻撃の意図のないことを明確にしたことになる。

家康も信玄の意図を察し、徳川方は信玄の狙いが、三河にあると考えた。三河を切り取り、そのまま東美濃へ抜けるのが信玄の作戦だとすれば、家康は本国を蹂躙《じゅうりん》されることになる。家康はここで決戦を決断する。だが、家康の家臣たちはこれに反対した。多勢に無勢のうえ、相手は百戦錬磨の信玄だからというのが理由であった。しかし家康は、自らの領土を敵がわがもの顔で通過するのを見過ごせば、後世の笑い者になるとして出陣を下知《げち》した（『三河物語』他）。また信玄に、徳川氏が全く手が出せなかったとなれば、遠江はもちろん、本国三河の国衆や地侍もあいついで武田方に降《くだ》る可能性が出てくる。家康は、何としても一矢《いっし》報いる必要があった。

家康は、全軍を率いて浜松城を出陣し、武田軍の後を追った。家康は、武田軍が三方原台地から祝田《ほうだ》坂を下りはじめたところを攻撃しようと考えていたが、信玄は下りると見せかけて、全軍を三方原に展開させ、徳川軍を待ちかまえていたのである。武田軍は、飛礫《つぶて》を投げて徳川軍を挑発した。このため、徳川軍は怒って武田軍に攻撃を仕掛けたのである。開戦は申刻《さるのこく》（午後四時ごろ）であったという（『軍鑑』他）。この合戦で、徳川軍は武田軍の猛攻の前に総崩れとなり、家康は命からがら浜松城に逃げ帰った。徳川軍は、中根正照《なかねまさてる》・青木又四郎《あおきまたしろう》・石川正俊《いしかわまさとし》ら二俣城のもと在番衆をはじめ、夏目吉信《なつめよしのぶ》・鳥居忠広《とりいただひろ》・本多忠真《ほんだただざね》・米津政信《よねつまさのぶ》ら、また織田援軍では平手汎秀《ひらてひろひで》が戦死した。このほかに、信長に勘当《かんどう》され家康のもとに身を寄せていた御小姓衆長谷川橋介・佐脇藤八・山口飛驒・加藤弥三郎と、その朋友《ほうゆう》玉越三十郎（尾張清洲《きよす》町具足屋《ぐそくや》）らも戦死者に名を連ねている（『信長公記』）。徳川・織田連合軍の戦死者は、一千余人に上ったという（『当代記』他）。いっぽうの武田軍では、原昌胤《はらまさたね》の次男宗一郎昌弘が戦死したことが知られるのみで（『戦武』二二七一号他）、名のある部将の戦死者は確認されていない。

武田軍は、敗走する家康と徳川軍を追って、浜松城付近にまで到達したが、夜になっていたため、犀ヶ崖《さいがが け》に布陣した。そこへ徳川方が夜襲をかけたため、武田方にも若干の被害が出た。信玄は浜松城を攻撃せず、軍勢を北に向け、刑部に布陣しそのままここで越年した。信玄は、平手汎秀の首級を信長に送り、同盟中であるにもかかわらず、敵国の家康に援軍を送るのは許し難いとして、正式に同盟を破棄したという（『軍鑑』）。

## 野田城攻略

武田軍は、刑部で越年すると、正月早々（三日説と七日説あり）にふたたび動き出し、十一日には三河国野田城（愛知県新城市）を包囲した。ここには、山家三方衆の一族菅沼定盈《すがぬまさだみつ》と、家康家臣松平忠正らが籠城していた。小城にもかかわらず、武田軍の攻撃をよく凌ぎ、なかなか落城しなかった。また、徳川家康も野田城を支援するため、吉田まで出陣したが、武田軍に合戦を挑むことはできなかった。家康は、二月四日に上杉謙信に信濃への出兵を要請したが、国境は雪で閉ざされ、謙信自身も越中の一向宗との対戦中であったから、まったく動くことができなかった。

信玄は、金掘《かねほり》衆を使って城の井戸を掘り抜き、水の手を断ったため、菅沼定盈らも抵抗できず、二月十日ごろ降伏した。定盈らは捕虜となり、信玄はこれを信濃に護送しようとしたが、徳川方より捕虜交換の申し入れがあったため、これを受諾し、三月十五日に菅沼定盈・松平忠正らと、酒井忠次の息女（今川氏のもとへ人質として送られ、駿府陥落時に捕虜になっていた）を、武田方に降っていた山家三方衆の妻女と交換している。武田軍は、野田城を落とすと長篠《ながしの》城に入った。そして、そのまま動きを停止させたのである。

## 信玄死す

武田信玄が、元亀三年十二月二十二日に、徳川家康を三方原で破ると、本願寺をはじめとする反信長勢力を大いに勢いづかせた。本願寺顕如は信玄へ戦勝を祝う書状を送っているし、浅井長政も各地の武将や越中の一向宗門徒へそれを報じている。こうした中で、朝倉義景は、軍勢のほとんどを本国の越前に撤収させてしまっていた。これを知った信玄は、十二月二十八日付の書状で、これを詰問している（『戦武』二〇〇七号）。これでは、春早々の共同作戦の実現が危ぶまれたからであろう。

このように、一度は落胆した信玄であったが、明けて元亀四年二月には、朝倉義景が再び出陣するとの情報をえていたらしく、いよいよ東美濃侵攻のための準備が進みはじめたことを、将軍足利義昭のもとにいる東老軒常存《とうろうけんじようそん》に報じている（『戦武』二〇二一号）。朝倉義景が再出馬を決意したのは、本願寺顕如の働きかけも大きかった。

また美濃国内でも、岩村城にいた秋山虎繁が、元亀三年（一五七二）十二月二十八日に、反撃に出てきた織田派の遠山一族を主体とした織田軍を、上村の合戦で撃破した。こうした情勢を受けて、織田氏を離反《りはん》しようとする動きが活発化したらしく、元亀四年二月二十六日に、浅井長政は越中勝興寺《しようこうじ》に対して、美濃では加治田《かじた》城（岐阜県富加《とみか》町）・津保城（郡上市）・鉈尾城が武田軍に呼応したことを報じている（『静岡県史』資料編八―六〇七号）。

武田軍の接近のうわさは、京都にも広まっており、二月二十日には将軍足利義昭は、朝倉義景に対して、京都郊外にある岩倉まで援軍を出すように要請し、同じ頃、三井寺の光《こう》浄院暹慶《じよういんせんけい》（後の山岡景友《やまおかかげとも》、山城半国守護）を西近江で挙兵させ、伊賀《いが》・甲賀《こうが》衆や一向一揆をも合流させ、石山と今堅田《いまかただ》に籠城させた。なおこれらの勢力と義昭との間には、信玄の父武田信虎が介在していたらしい。当時信虎は、近江国甲賀郡に滞在中、軍勢の召集を行っていた（「細川文書」『信長』上三六四号）。さらに義昭は、三月六日には、岩倉で山本・渡辺氏らに挙兵させた。そして義昭自身も、同十三日に、信玄・浅井・朝倉へ内書を送った後に、信長に対して兵を挙げ、二条城に籠城した。京都では、西岡地方の土一揆も蜂起している。

このほか、大山崎の離宮《りきゅう》八幡宮では、武田軍のもとに使者を派遣し、武田信玄へ八幡宮の祈禱の巻数《かんず》と扇子《せんす》などを贈り、往古より神社領は諸役免許であることなどを訴えた。さらに武田軍が上洛したさいに、神社の安全を保障してもらうための禁制発給を申請した。これに応えて、武田氏は三月二十六日付で、大山崎惣庄中に宛てて、僥倖軒宗慶《ぎょうこうけんそうけい》・土屋《つちや》昌続《まさつぐ》連署証文を与え、あわせて五ヵ条の禁制を与えた（『戦武』二〇二〇・三一号）。

また宣教師ルイス・フロイスは、本国への報告書の中で、信玄がいまや美濃・尾張に侵入しようとし、まもなく信長と戦おうとしていると記している。そして、信玄の恐るべき実力を報じつつ、その進軍の目的が「信玄の主たる目的、すなわち口実は、来《きた》りて信長が焼却したる比叡山《ひえいざん》の大学および僧院、並びに坂本の山王《さんのう》を再興するにあり」と伝えている。そして信玄が上洛すれば、比叡山は再興され、キリスト教は迫害されるであろうと述べている。洛中洛外を震撼《しんかん》させた、信長の比叡山の焼き討ちを非難し、その再興こそが上洛の目的であるとした信玄の宣伝は、自身の軍事行動と信長を除くための正当性の根拠として格好の材料であったのだろう。

また、このころの人々は、天下を掌握することが現実に可能な有力戦国大名は、織田信長、朝倉義景、そして武田信玄と認識していた（『多門院《たもんいん》日記』天正十年〈一五八二〉三月二十三日条）。いずれにせよ、武田信玄の西上は上洛が目的であり、その前提として信長を滅亡させるべく進軍中であることは、当時の人々に広く信じられていた。

畿内では本願寺顕如も、門徒に挙兵を命じ、織田方の伊丹親興《いたみちかおき》も、義昭や三好康長・義継・松永久秀らに呼応して反旗を翻し、賀島《かじま》城に籠城した。さらに摂津の塩河長満もこれに同調している。

また大和国では、松永久秀が正月に、信玄の三方原戦勝を喜び、六角氏に蜂起を促した。二月に義昭が挙兵すると、これに呼応して摂津に出兵して、同二十五日に中島城を攻め、細川昭元を堺《さかい》に追った。すると義昭は、三月六日に兄義輝の仇敵である三好義継《みよしよしつぐ》と松永久秀《まつながひさひで》を赦免し、正式に同盟を結んだ。このように、畿内のかなりの地域が、義昭―松永・三好―本願寺の手中に入ったのである。

信長は、義昭の挙兵と信玄の侵攻を受けて、二月二十三日ごろに義昭に和睦を提示しつつ、石山と今堅田の砦を陥落させ、京都の入り口を確保し、坂本に明智光秀《あけちみつひで》を入れた。このような情勢でも義昭は、信長との和睦を承知せず、三月七日に信長と断交した。これに対して信長は、三月二十五日に岐阜を出陣し、二十九日に上洛した。そして義昭と和睦の折衝を行っていたがついに決裂したことから、織田軍は四月三日に洛外に、四日には上京に放火して義昭の御所を包囲した。事態を憂慮した正親町《おおぎまち》天皇は、信長と義昭の和睦《わぼく》調停に乗り出し、双方ともこれを容れて、これを誓約した（和睦の誓詞《せいし》交換は二十七日）。信長は、和睦成就を見届けると、近江国守山に転じ、六角氏を追放して、十一日岐阜に帰った。

このように、二月から三月にかけて、信長が窮地に立たされていたにもかかわらず、当の武田軍は、二月十日の野田城陥落後は、長篠城に入ったまま動こうとはしなかった。これは信玄の病が重篤《じゅうとく》であったためといわれる。だが『軍鑑』などによれば、信玄の病気は二月中旬には平癒《へいゆ》に向かっており、三月九日には歩き回れるほどになったとある。武田軍が動かなかったのは、信玄の病気もさることながら、美濃侵攻のための絶対条件である、朝倉義景がなかなか出陣しなかったことが最も大きかったのではないかと思われる。美濃侵攻のための条件が整うまでは、武田軍が単独で信長と対決することに、信玄は慎重であったのだろう。だが信玄はまもなく体調を崩し、ついに帰国を余儀なくされる。そして、その途上の四月十一日に危篤《きとく》に陥り、信玄は後継者の勝頼と家臣たちに、三年秘喪《ひそう》と対外戦争の自粛を遺言し、翌十二日に死去した。享年五三歳。信玄が死んだ場所は、根羽《ねば》（長野県根羽村）とも（『軍鑑』）、駒場《こまば》（長野県阿智村）ともされている（『戦武』二一六三八号）。

信玄の死により、信長・家康は窮地を脱した。信長は、足利義昭を追放して室町幕府を滅ぼし、浅井・朝倉氏を滅亡させ、伊勢長島の一向一揆をはじめ、各地の一向一揆を壊滅させた。こうして武田信玄が築き上げた信長包囲網を瓦解させ、その勢力を不動のものにしていった。そして武田氏も、信玄の死から一〇年後の天正十年三月、織田・徳川・北条氏によって滅ぼされたのである。

# 武田信玄の内政

# 棟別役の整備

**武田氏の領国支配制度**

武田信玄は、父信虎を追放した後に、領国支配制度の整備に着手した。戦争を勝ち抜くためにも、税制と軍事制度の整備と確立が、喫緊《きつきん》の課題であったからである。その中でもっとも重視されたのは、武田氏が天文期（一五三二～五五）に整備し、以後その滅亡まで、領国支配の基礎に据えた棟別役《むなべちやく》である。この棟別役は、棟別銭《むなべちせん》・人足御普請役・伝馬役《てんまやく》・点役《てんやく》などで構成されていた。このほかに、諸役として、田地銭（田地役、田役、天役）、夫丸《ぶまる》、陣夫役《じんぶやく》などがあり、さらに有徳人《うとくじん》には徳役《とくやく》（有徳役）が賦課されていた。

またこのほかにも、雑公事《ぞうくじ》と呼ばれる臨時課役や機役《はたやく》などが、郷村に対する課役であった。そして甲府や門前町、市場、宿などの都市には、町棚役、市役（「市之諸役」）、座役をはじめとする諸商売役が賦課されていた。さらに街道や往還には、関所が設けられ、荷物や通行人の監視のほか、関銭の徴収も行われた。これらは、武田氏の経済基盤を構成するとともに、その免許をする代わりに、百姓、商職人などに奉公を命じ、これらを軍役衆、代官、御用商職人として編成する政策の根幹ともなるなど、軍事・経済など領国支配のあらゆる方面を、武田氏が掌握するための手段として機能した。

## 棟別諸役

武田信玄が家督相続直後から、もっとも熱心に取り組んだのが、棟別役の整備である。棟別とは、家一軒《けん》ごとに賦課される役のことで、普通は棟別銭といって、銭を徴収するのが原則であった。しかし武田氏は、そればかりでなく、棟別を基準にこのほかにも、人足御普請役、伝馬役などの賦課も行っている。とくに重視されていたのは、御普請役とされる人足役（夫役）である。いずれも棟別を基準に賦課され、諸役と総称されていた。ただし武田氏は、棟別以外にも田畠に賦課する諸公事なども諸役と呼称しているため、混乱しやすいが、ほとんどの場合、武田氏の諸役は棟別に賦課される諸公事を指す。そこで、以下は棟別に賦課される諸役に絞って述べていきたい。

武田信玄が棟別の掌握を全領国規模で実施しはじめるのは、父追放の翌天文十一年（一五四二）八月十二日のことで、それは「棟別帳始ム」と『高白斎記』にあることから判明する。それでは、武田氏の棟別帳はどのように作成されたのか。これは、武田氏が郷村、町、宿ごとに指出《さしだし》（「日記」）を提出させていたことが判明している。これは二点作成され、それぞれ武田氏と郷村、町、宿が保管したらしい。これは有力国衆領でも作成されたらしく、穴山領にも「本棟別帳」の存在が確認できる（『山梨県史』県外文書編八八〇号）。ここに登録されたのは、「甲州法度之次第《こうしゅうはっとのしだい》」（以下「法度」）によれば、当初は本家《ほんや》《ほんけ》（本屋）のみで、新家《しんや》《にいや》（新屋）は指出への記載を免除されていた。後で述べるが、この原則はまもなく撤回されることとなる。武田氏が税制の対象として把握した本家（本屋）とは、郷村や町などにおいて、中核を担う階層であり、いわゆる乙名衆《おとなしゅう》に相当する。彼らの多くは名字を持ち、血縁・非血縁の新家（新屋、本家の一族）や門屋《かどや》（被官・下人）、門内《かどうち》（奴婢）を統制下に置き、家父長制的同族団の頂点に位置する、土豪・有力百姓層であった。彼らが在地社会の秩序維持を担い、武力をも保持していたのである。そしてこの中から、武田氏の被官（軍役衆）となったり、御印判衆《ごいんばんしゅう》・代官・調衆《ととのえしゅう》などの役目を命じられる者たちを輩出した。武田氏は、軍法条目の中で、領国下の郷村社会には、「武勇の者」や「有徳人」が多数居住していることを繰り返し指摘し、彼らをいかに大名側の意志に沿うように動員するかに腐心《ふしん》しているが、彼らこそ本家層（土豪・有力百姓層）であったと考えられる。

### 棟別銭

このようにして棟別帳を作成し、本家層を把握した武田氏は、当初は本家のみ棟別銭一軒につき二〇〇文を賦課していた。その後、新家（新屋）にも棟別銭を賦課しはじめ、その額は一軒につき五〇文（弘治元年〈一五五五〉十二月十八日「法光寺棟別改之日記」が初見）であったが、その後増額され、天正期（一五七三～九二）には一〇〇文（天正四年七月「甲斐国黒沢郷棟別改之日記」が初見）と倍額に引き上げられている。これは武田勝頼の時代になって、武田氏の財政が逼迫してきたからであろう。この棟別銭は、春・秋の年二回賦課・徴収され、この徴収には郷村ごとに調衆が任命されており、彼らによって納入されていた。なお、武田信玄が当初から年二回の棟別銭を徴収していたかどうかは確認できない。その初見は、天文十七年七月三日に「当秋より棟別家参、免許せしむものなり」とあることから、天文十一年以来の可能性は十分にある。

また棟別銭納入のさいには、武田氏が指定する悪銭で納めることは禁じられ、「法度」で指定されていた、精銭《せいせん》（武田氏より、市場に見本が掲示された悪銭以外の銅銭）での納入が義務づけられていた（『山梨県史』県内文書編一三九九号）。

ただし注意が必要なのは、武田氏の棟別賦課は、信玄ではなく父信虎時代にすでに確認される。その初見は、大永二年（一五二二）正月で、信虎は前年の駿河衆福島氏の乱入によってこうむった財政損失を穴埋めするために、三日より国中に棟別を賦課した。これには寺社も免除の対象にはならず、いっせいに賦課された（『塩山向岳庵小年代記』）。この国中は、通説のような甲斐一国ではなく、当時の武田信虎の勢力範囲からみて、「国中《くになか》」（甲府盆地一帯）である可能性が高い。その後、信虎は、享禄二年（一五二九）に郡内《ぐんない》（都留郡）領主小山田越中守信有《おやまだえっちゅうのかみのぶあり》を従属させると、郡内に棟別賦課を実施している（『勝山記』）。そして、棟別免許の特権を付与する文書は、天文二年（一五三三）八月二十七日の広済寺《こうさいじ》禁制が初見となる（『戦武』七一号）。このようにみると、武田信虎は甲府盆地一帯での棟別賦課権を掌握していたが、領国拡大にともなってその権限を拡げていっていたことがわかる。その後信虎は、棟別免許の代替として職人の編成を行うなど、棟別を税制とともに、領国支配の基盤に据えようとしていた。これは、後に信玄が体系化する棟別役の原型が、すでに信虎時代には存在したことを示している。

ところで、武田信虎には、棟別賦課のための基礎台帳である棟別帳を作成した痕跡はない。それでは信虎はいかにして、棟別賦課をなしえたのであろうか。この点については、室町期の守護が実施していた方法の継承と考えられる。室町期の守護は、独自の棟別調査と収取システムを持っておらず、それを修験者たちの門付《かどづけ》に依拠しており、彼らが長年にわたって行ってきた、門付という地域社会との接点を利用して、棟別把握と棟別銭賦課・徴収を実現していた（榎原雅治『日本中世地域社会の構造』）。これは門付の体制化と呼ばれ、宗教活動の成果を、税制確立のために権力が取り込んでいった事例として、よく知られている（網野善彦『無縁・公界・楽』）。武田信虎もこの方法を継承したのであろう。このようにみると、武田信玄の棟別賦課とは、棟別免許の代替として商人、職人に、武田氏への奉公を行わせ、在地の商人・職人を統制下に置くとともに、商品や製品の上納システムを作り上げ、さらに領国下から広く軍役衆を動員するための基盤を確立したことになる。これは、父信虎の創始したシステムを、棟別帳作成と調衆設置や、春秋二度の賦課などにみられるごとく、より厳密、徹底化した結果である。

なお武田氏は、春・秋の棟別銭を、場合によっては前倒しで、一部納入させることもあった。永禄五年（一五六二）十二月十六日に、武田家奉行飯富昌景《おぶまさかげ》（山県昌景）は、甲斐国鮎沢郷《あゆさわ》（南アルプス市）の調衆に対して、翌永禄六年秋に収めるべき棟別銭のうち、一軒につき三〇銭を、前倒しで来る十二月二十日までに納めるよう通達した。そして、残りの秋棟別は、永禄六年秋に納入するよう指示している（『県内』一三九九号）。これは川中島の戦いや関東出兵などによる、財政事情の悪化が原因であろうか。

このように、信玄が整備した棟別役は、武田氏の財政を支えるとともに、郷村支配や軍事力編成を同時に実現するために基盤となった。棟別役を、税制と軍制および領国支配を同時に実現する三位一体のシステムとしたのが、信玄が確立した新しい方式であり、室町期の棟別とはまったく異質のものである。

### 御普請役と兵粮輸送（郷夫）

御普請役が棟別賦課であったことは、「棟別に懸候御普請役」からもはっきりするが（『県内』一〇二一・二二号他）、その賦課の方法としては、「郷次《ごうなみ》之御普請役」「町次《まちなみ》之御普請役」「宿次《しゅくなみ》之御普請役」のような地域全体にいっせいに賦課するものと、人別に賦課するもの（人別とは郷村ごとに把握されている棟別のうち、その中から特定の者ないし必要な人数指定して、御普請役のために動員する方法）がある。さらに「一国一統之御普請」「国中一統之御普請」「惣国次」などのように、一国規模でいっせいに賦課する場合とがあった。このうち、最後の「一国一統」「国中一統」「惣国次」の御普請役が賦課された場合には、たとえ「郷次之御普請役」が免許されている者であっても、負担しなければならないこともあった。この「一国一統」「国中一統」という御普請役賦課は、少なくとも天文～永禄期（一五三二～一五六九）にはみられなかったが、元亀～天正期（一五七〇～一五九一）にかけて頻繁に登場するようになる。これは、武田氏と織田・徳川氏や北条氏との対決などによる、戦争の激化や領国防衛の危機が背景にあるのであろう。

では、武田氏によって徴発された御普請人足は、どのような事柄に利用されたのであろうか。史料から判明するもののうち、最も多いのは城普請である。武田領国のうち、それぞれの地域において重要と認識されていた城砦は、徴発された御普請役人足によって築城、修築、改修がなされていた。そして、徴発された御普請役は、原則として同じ郡内で利用されたが、武田氏が必要と認めた場合には、他郡や、場合によっては国境を越えて他国へと派遣されるなど長距離の動員がなされる場合もあった。

たとえば、諏訪郡の上諏訪一〇ヵ村より徴発された御普請役について、武田信玄は次のように指示している（『戦武』九六五号）。

一注連縄《しめなわ》の鳥居《とりい》の事、上代の古文を披《ひら》き先規を窺《うかが》う処、上諏方十郷の地下《じげ》人等悉《ことごと》く罷《まか》り出、建てるのよし候条、自今已後《これよりいご》これに准ずべし、然らば御射山《みさやま》の鳥居、佐久郡の内山田の郷より建てるの由、本帳に載るといえども佐久郡の内に山田と号する郷党《ごうとう》なきの間了簡に及ばず、是も上諏方の地下人等建てるべし、此の故に高島の普請ならびに糧物運送等《ろうもつうんそうなど》の外、他の郡においての普請役等免許せしめ、両奉行の役として地下中《じげちゅう》へ催促致し、その費用をうけとり鳥居を建へし

信玄は、諏訪大社上社の注連縄鳥居再建のため、その費用負担を上諏訪一〇ヵ村に命じたが、そのためにこれまで一〇ヵ村が負担していた諏訪高島城の普請役、兵糧運送および他郡への普請役などを免除し、その費用を捻出して納入するように指示した。ここから、諸役としての普請役には、諏訪郡の拠点的城郭高島城の修復、拡張のための普請役の他に、武田軍の出陣に応じて戦線への兵粮を運搬する人足役、さらに武田氏が必要とする事柄

（城普請や道普請などであろう）に対応するため、諏訪郡より他の郡への普請役負担などがあったことがわかる。このような事例は、他にも多数みられ、年未詳であるが永禄期とみられる深志城普請奉行衆宛の武田家朱印状写には、信州の正行寺《しょうぎょう》・極楽寺《ごくらくじ》・安養寺《あんようじ》の三ヵ寺に対して「普請ならびに兵粮運送など諸役御免許候者也」とあるし（『戦武』一九二五号）、さらに天正四年（一五七六）三月の西福寺宛には「先の御印判に任せられ、寺家門前家五軒の分、普請ならびに兵粮運送等の諸役御免許のこと、自今以後も弥《いよいよ》御相違あるべからずの由、仰せ出さるる者也」とある（『戦武』二六一五号）。棟別に賦課される人足普請役は、①地域（居住する郡）の城普請、②他郡へ赴き実施される普請、③兵粮運搬などの人足役の総称であることが明らかである。

　このうち、②については、他郡ばかりでなく、同じ武田領国内部であれば、国境を越えて普請のために駆り出される場合もあった。それは「御伝馬《ごてんま》の奉公相勤め候条、先の御印《ごいん》判《ばん》文に任せられ、他国への御普請役ならびに番匠《ばんしょう》・山造《やまつくり》の奉公、一切《いっさい》御免許《ごめんきょ》あるの由、仰せ出さるる者也」との事例からも判明する（『戦武』二五九九号）。これらの事例からみれば、伝馬役負担などがなければ、原則として他国への御普請役はあまねく負担せねばならなかったことがうかがわれる。

　また、③の兵粮運搬のための人足役は、武田氏の戦略的意図に応じて、広域に賦課され、長距離輸送を指示される場合もあった。永禄期とみられる武田信玄条目写によれば「久々《くく》利《り》への俵子《たわらご》、先ず五百俵相移し候哉、重ねて五百俵必ず移すべく候、人足は高遠より下、飯田より上の人夫にて信濃境まで遣わすべく候、それより久々利へは苗左兄弟の領中より人夫相催《あいもよお》し運送あるべき旨、兼ねて理《ことわり》べくこと」とあり、信玄は美濃国斎藤氏支援のため、久々利（岐阜県可児市）に兵粮を運搬することとしたが、その運送は武田領国の伊那から信濃・美濃国境までは、高遠以南、飯田以北の地域の諸郷村から徴発された人足によって対応し、それ以後は他領（苗木氏領）の人々が担っていた（『戦武』八五六号）。なお、棟別に賦課される兵粮運送は、御普請役の範疇《はんちゅう》ではあるが、それは特に区別されて「郷《ごう》夫《ふ》」とも呼称されたらしい（『戦武』八一一・二五三六号）。

この他に、棟別ごとに臨時に賦課される諸公事があり、おもに駿河では点役《てんやく》と呼ばれていた。棟別に臨時に賦課されたものとしては「竹火縄《たけひなわ》」など、大名側の必要に応じて雑多な現物の諸公事物であった（『県外』八八〇号等）。また、武田氏滅亡直後の徳川家安堵状には、「本棟別之外懸銭《のほかかけせん》」の文言が散見され、棟別には春秋の定式の棟別銭の他に、臨時に賦課される付加税のような棟別が存在したことがうかがわれる（『県内』四二五号等）。これも、武田時代の継承であろう。

またこの他の特殊な役として、機役《はたやく》がある。この機役は、穴山氏の領域である河内谷にのみ事例が認められるもので、穴山氏が創設した諸役とみられる。この機役も「棟別機役」として文書に頻出することから、棟別賦課であったことは間違いない。この機役の内容を具体的に示す史料に恵まれないため、はっきりとしたことはわからないが、その名称から機織り機に賦課された役であろうと思われる。こうした役が成立する前提として、穴山領の郷村における広範な織物生産の展開が想像される。河内領の郷村社会では、本家層（地下人《じげにん》・乙名《おとな》衆）が織物生産をも行うなど幅広い経済活動を展開しており、これを承知していた穴山氏が税制の品目の一つとして機役を設定し、その収益の一部を確保しようとしたのであろう。

## 棟別把握の持つ意味

ではなぜ武田氏は、棟別を基盤にした税制と郷村支配のシステムの形成を実施したのであろうか。当時の郷村、町、宿は、家によって構成されていたのだが、それは家格《かかく》に応じた厳然たる村落内身分に分けられ、本家と呼称される上層の人々によってそれらの運営がなされていた。そして、郷村などを構成する家は、本家を核に新屋が従属し、さらに門屋、門内が隷属する家父長制的同族集団として機能していた。この家は、農業経営や山造、職人、商業などさまざまな経済活動の核ともなっており、家が、当時の家父長的家族の核として機能していただけでなく、さまざまな生業を統括する地位を占めていた。そのため、武田氏が郷村・町・宿といった共同体の把握と支配を実現するためには、棟別の掌握が必要であった。

武田氏が実施した棟別改めは、新たに指出《さしだし》を郷村より提出させることで、家格（身分）を基礎にした「棟別帳」を成立させたのである。

## その他の諸役と税制改革

### 田地役(田役)・夫丸・陣夫役

この他の諸公事について、若干紹介しておこう。武田氏は、棟別ばかりでなく、田畠にも諸役を賦課した。これは名田、百姓地、恩地に関係なく原則として賦課されるもので、その免許は棟別役と同じく、武田氏の判断により直接実施されていた。しかし、これらの田畠に賦課される諸役についての研究は少なく、未解明の部分が多い。そこで、以下ではこれらのうち、史料にしばしば登場する、田地役《でんちやく》や夫役《ぶやく》について検討しておこう。

まず田地役は、武田氏が地頭《じとう》に賦課する地頭役説《やくせつ》、地頭が所領に賦課する公事説《くじせつ》、武田氏が賦課した段銭《たんせん》説が今も決着をみないまま対立している。このうち、この田地役は諸史料から、百姓に賦課されていることが明らかであるので、武田氏が地頭に賦課する地頭役

（知行役）説は成立しない。また、賦課する主体が武田氏であることは、関連文書より明確であるが（『山梨県史』県内文書編八七号等）、その納入先に指定されているのは、武田氏と地頭の両様があるため、田地役の性格を見極めにくくしているのであろう。さらに問題なのは、田地役が「田地銭《でんちせん》」とも「田役《たやく》」とも呼称され、さらに普請役との関連が認められる史料が多いことである。たとえば、「田地之夫」という文言の存在や（『県内』五六七号）、重臣市川昌房の所領境《さかい》郷（山梨県甲州市）、後屋敷《ごやしき》郷（山梨県山梨市）では、市川への「田地役之普請」の納入が武田氏より命じられていたが、これは後の史料には「甲州後《ご》屋敷《やしき》之郷三百貫文、夫銭《ぶせん》共ニ田夫弐人、境之郷百貫文、同夫壱人」「甲州本領後屋敷郷三百貫文、境之郷百貫文、後屋敷郷夫《ぶ》丸《まる》弐人《ふたり》、境郷夫丸壱人」と記載されていることから、夫丸（夫銭《ぶせん》も含む）であったと推定される（『山梨県史』県外文書編一〇〇八・一〇一〇・一〇一一号）。

また、「御岳の普請役免許しおわんぬ、但し田地銭催促あらば、異儀なく相勤めるものなり」「御岳のうち御普請役のこと、田地役をのぞき先の御印判をもって御赦免なさるる」との事例も、田地役が普請役と密接に関連しており、それが代銭納（夫銭）化の傾向にあることがうかがわれる（『県内』八七・八八号）。さらに「諸役ならびに田地役夫銭共に御赦免なされ候」という事例（文禄二年十一月）などから（『山梨県史』近世資料編1　領

主　一九四号）、田地役（田役）とは、郷村の田地のみに賦課され、武田氏ないし地頭への納入が命じられていた夫丸（現夫）と、代銭納《だいせん》（夫銭）の総称であると結論づけられよう。つまり、武田氏が賦課した普請役には二種類あり、武田氏が郷村ごとに棟別賦課するものと、田地に賦課するものがあり、前者が既述の棟別の御普請役で、武田氏が直接収取した。そして後者は、地頭領では地頭を通じて賦課されるか、御料所では武田氏が直接賦課し、収取したのであろう。

しかし、同じ武田領国の信濃では「田役」「田地役」は、すべての給人に賦課され、銭貨で「御蔵《おくら》」に納入された。それは所領貫高《かんだか》のうち、田地分のみに賦課された段銭と規定されており、甲斐の事例のように、普請役との結びつきを確認できない（伊藤富雄「武田氏の土地制度と下伊那地方の本帳」『伊藤富雄著作集』第三巻。鈴木将典「信濃国下伊那郡虎岩郷における天正期『本帳』と『知行』の再検討」『駒沢大学史学論集』三四号、二〇〇四年）。しかし、いずれにせよ田地役は、武田氏に直接か、地頭を通じて、田地銭（夫銭）として納入された諸役の一つで、先学の諸説のいずれでもなく、夫丸《ぶまる》（夫銭）に該当するものと考えられる。

ところで夫丸とは、武田氏が通常の物資輸送のために賦課したものであるが、先の田地役の史料から、必ずしもそればかりではなく、普請役としての側面も持っていたらしい。

夫丸は、武田氏により郷村ごとに徴発人数が指定され、武田氏が徴発するか、地頭に知行《ちぎょう》宛行《あてがい》とともに給与され、地頭が使役した。弘治三年（一五五七）正月、高遠衆保科正俊《ほしなまさとし》・神林某《かんばやしなにがし》に対して信玄は、伊那部郷以下一〇ヵ村より一〇人の夫丸徴発を指示している。ここから、夫丸は郷村が請け負い、地頭保科・神林氏が使役したと考えられる（『県外』六九一号）。

それでは、夫丸を請け負った郷村では、その負担者にどのような措置が講じられていたのであろうか。武田氏の御料所である信濃国虎岩《とらいわ》郷の場合、夫丸を勤める百姓には、代官平沢氏を通じて夫田が支給されていた（『戦武』一三五七号）。この場合、夫丸は代官が徴発したのであろう。地頭に使役される夫丸の場合、既述の市川昌房の所領の事例などから、夫丸とともに夫銭が市川に与えられていることがわかる。これは、市川の所領貫高のうち、夫丸に支給する夫銭を意味しており、このような地頭に夫丸を勤める者への夫銭支給は、「恵林寺領検地帳《えりんじりょうけんちちょう》」などにもその事例が見られ、それは地頭の所領の郷村から収取する年貢より控除されていた。このように、夫丸は武田氏より郷村ごとに人数の指定がなされ、これを郷村が請け負い、夫丸を勤める百姓には、夫田ないし夫銭が支給された。そして、必要に応じて武田氏（代官）か地頭が徴発、使役したものと思われる。

次に、戦場への輸送を担う夫役として徴発されたのが陣夫《じんぷ》役である。北条氏の場合、陣夫役の賦課基準は、貫高にもとづき徴発されたことが明らかになっているが、武田氏の場合は貫高との関係を明確にしえない。

陣夫役も、武田氏が家臣（地頭）に知行宛行《ちぎょうあてがい》を行うさいに、陣夫役を徴発できる郷村と人数の指定がなされるのが通例であった。それ以後は、実際に所領の諸郷村に対して徴発を命じるのは、地頭の権限であった。その事情は、「法度」の第一三条からもうかがい知ることができる。この条文に登場する「百姓夫」は、陣中へ帯同してきた人夫の規定であることから、陣夫である。陣夫は、主人（地頭）とともに戦場につきしたがうのであるから、合戦に巻き込まれて殺害され、さらに運んでいた荷物も奪われる危険性が常につきまとっていた。

そこで武田氏は、戦場で命を落とした陣夫がいた場合には、その主人（地頭）に対する郷村の陣夫を三〇日間免許することと、失われた荷物の弁済を免除すると約束している。しかし、陣夫が逐電《ちくでん》（行方をくらますこと）した場合、他の地頭はそれを勝手に自らの支配下に置くことは許されず、元の主人（地頭）に届ける義務があった。もしこれを怠れば罪科と認定され、しかもそれには時効がなかった。それほど、地頭が徴発する陣夫に対する権利には、強いものがあったのである。しかし、陣夫が地頭にさしたる理由もなく成敗された場合には、一〇ヵ年の間は該当する郷村は、地頭に陣夫を負担しなくてよいと明記している。

　では、実際に請け負う郷村では、陣夫はどのように決められていたのであろうか。陣夫役について、詳細が明らかとなるのは、「恵林寺領検地帳」である（『県内』一九四・二九五号）。それによれば、恵林寺領への「御陣夫御座夫」は、郷分（恵林寺郷）のみに賦課されていた。そして、郷分の在家一〇軒のみがその賦課対象となっていた。その内容は「六度二五十日三百五十文」とあり、これに相当する家は「五人夫公事免」と記され、年貢より控除がなされていた。ここに登場する公事免は、地頭へ勤める陣夫役への反対給付であり、それは地頭の年貢の一部を経費として割り当てることで成立していたのである。つまり陣夫は、郷村内部の特定の家が指定されており、そこに公事免が設定されていたわけである。これは、夫田や夫銭の支給により、随時徴発される不特定性の強い夫丸との相違と考えられる。

## 弘治の税制改革

　武田信玄は、天文十一年（一五四二）八月より棟別帳の作成を開始し、税制と軍事力および郷村支配の基盤に棟別役を据えることを決めた。だが、こうして形成された棟別役賦課の体系は、まもなく動揺を来たし、信玄は新たな対応を迫られることとなる。信玄は、天文十六年に「法度」全二六条を制定するが、その後、これでは解決できない諸問題に直面し、徐々に追加法を制定するなどの対応に追われた。

その内容については、後述するが、なかでも多くの条文を割いて、対応しようとしたのが、棟別役に関する問題である。それは、第三二条から第三七条にかけての、六ヵ条にも及ぶ。

この棟別役に関する一連の追加法（棟別法度と呼称）が、いつ制定されたのかははっきりしないが、最終形態の五五ヵ条と最終の追加法が加えられた「法度」の成立が、天文二十三年（一五五四）なので、それ以前であることは間違いない。この天文二十三年を基準にしても、武田氏は棟別帳作成開始からわずか一二年目にして、課役逃れをしようとする流民《るみん》の増加などにより、棟別徴収が困難になっていたことがわかる。そのために制定された追加法が、棟別法度である。

まず武田氏は、棟別改め（本家改め）によって確定した郷村の本家数と賦課する棟別銭の総額を「棟別日記」に明記して郷村に交付し、その変動はいかなる理由があっても認めないとした。そしてもし、死去や逐電による本家の没落があって、負担者である本家の欠員が出ても、その不足分は新家を繰り入れて（新家を新たに本家に取り立てて）補塡するように指示した。このような事態は織り込み済みであるとして、武田氏は郷村の棟別調査にあたっては、新家を課税の対象から外し、新家改めを実施しなかったという（第三二条）。こうして武田氏は、本家のみを対象とした棟別調査にもとづく各郷村の賦課基準額を決定して郷村に交付し、これを郷村すべてに請け負わせていたのである。

そして第三三条から三七条にかけては、棟別銭負担者である本家に不測の事態が生じた場合への対応について埋め尽くされている。武田氏は、棟別改めで決定された郷村の棟別賦課基準額の変更を原則として許容しなかった。例外として認められたのは、逐電・死去等が多数に及び、棟別銭が郷村賦課基準額の倍になったさいである。それも実態を調査したうえで、あくまで例外措置（「寛宥之儀」）として、実情に応じて対処する場合と（第三五条）、悪党として成敗された本家の棟別を、代わりに負担する新家が郷村にない場合（第三六条）、そして水害による家屋流失や死人による家が一〇軒以上になった場合（第三七条）のみに限定されていた。

つまり、死去・逃亡・捨家・売家・他郷への転居などによる郷村での棟別負担者（本家）の減少は、すべて郷村の裁量と責任で処理されることになっていた。勝手な転居、家の売却、家を捨てて村を去り徘徊する者などは、郷村の者たちが責任をもって行方を追及し、棟別銭を徴収せねばならなかった。さらに、死去や逃亡による欠員は新家の繰り入れによって補塡し、それでも補塡しきれなければ、郷村が共同負担で賦課額を維持しなければならなかった。

しかし、武田氏の苛酷な棟別賦課・徴収は、さらなる郷村の本家層の退転を招き、「棟別日記」によって確定されていた棟別賦課額の枠組みを変動させることになった。そしてその変動は、棟別負担の軽減を目的とした、郷村からの「侘言《わびごと》」や「披露《ひろう》」請求という訴願が、武田氏のもとへ一斉に持ち込まれる事態を引き起こしていたのである。

武田氏の棟別賦課・徴収の体制は、これによって大きく動揺していた。だが武田氏は、あくまで郷村が本家の欠員を補塡することで、棟別納入を実現させる原則を採用しつづけた。郷村が、棟別銭の賦課基準額の納入を請け負うというシステムが、かろうじて武田氏の棟別賦課・徴収を支えていたからである。だが、郷村の疲弊という事態に直面して、武田氏は棟別賦課・徴収にさいし、「法度」で提示した原則を変更しなければならなかった。それは、武田氏が発給した「棟別日記」により明らかとなる。

武田氏が郷村に発給した「棟別日記」の初見は、「法度」増補後の、弘治元年（一五五五）十二月十八日の「法光寺《ほうこうじ》棟別《むなべち》改《あらため》之《の》日記《にっき》」である（『県内』一一七九号）。以後は弘治四年（一五五八）三月の甲斐国有野《ありの》郷（『県外』一一六五号）をはじめ、天正八年（一五八〇）十一月の甲斐国井口郷（『甲斐国志』巻之一一二）まで一〇例が確認できる。

そして、これらを見ると「法度」では賦課対象はおろか、棟別改めの対象にすらならなかった新家の他に、片屋（雨水が、一方の側に多く落ちるように作られた屋根を持つ家を指す）や明屋敷《あきやしき》（明屋）にも棟別銭が割り付けられている。これは「法度」追加法の制定、発布が最終的に完了した、わずか一年後、棟別賦課・徴収の原則に、武田氏が変更を加えたことを示している。つまり、郷村の新家やこれでも賄い切れない不足分を、片屋や明屋を抱える者にまで割り振る方針を採用したのである。

これにより、「法度」の「棟別法度」における原則である、棟別不足分の郷村による弁済は維持されたが、細則である本家のみの調査（棟別改め）と負担は、郷村内部のほとんどの家屋を対象にした調査と負担へと変更されたのである。これは、武田氏が弘治元年から同二年にかけて、棟別に関する税制改革に踏み切ったことを予想させる。そして、次の史料は、それを明示するものであろう（『県内』一三九八号）。

棟別銭無沙汰《むなべちせんぶさた》につき新法のこと

春の棟別は八月晦日を限り、秋の棟別は翌年二月晦日を切りて、出銭難渋《でせんなんじゅう》の旨ならびに相論《そうろん》の趣きなど披露せしめ落着すべし、もしその期を過ぎて未進においては、理非に及ばず集め衆これを弁《わきま》えるべきものなり、仍《よ》って件《くだん》の如し

弘治二年丙辰

正月十八日

これは、郷村の棟別銭滞納という事態が広範に発生したことから、武田氏が春・秋棟別の納入期限をそれぞれ八月と二月末日に延期し、その確保を図ったもので、宛所がないことやその内容から、武田領国にあまねく通達された新法であると考えられる。また、出銭

難渋や棟別銭をめぐる争論に対しては、武田氏へ披露《ひろう》するよう義務づけて、問題の解決にあたるようにと述べている。これも「法度」の原則に逸脱する部分である。第三五条では、棟別をめぐる訴訟は一切受け付けないことが明記されていたはずである。にもかかわらず、披露を許容したのは、もはや事態があまりにも深刻過ぎたため、信玄はこれを許し、その調整を行わねばならなかったことを示している。だが信玄は、披露（訴訟）による落着後は、もはや二度とそれを受け付けず、落着した通りの方針で棟別を納入するように述べている。つまり、事態の深刻さを受けて、棟別をめぐる問題を、披露により一度だけ調整することを許容し、その後は落着の内容にそって負担させ、再びの披露を許さないことで、「法度」第三五条の原則を維持したのである。

いずれにせよこのような新法を布告しなければならないほど、武田領国下の諸郷村は棟別銭の納入に苦しみ、それを対捍《たいかん》（納入命令に応じないこと）したり、負担をめぐる争論が頻発していたのである。諸郷村の抵抗に直面し、武田氏の経済・軍事基盤を支える棟別役は、危機に陥っていた。そのため、武田氏は、郷村の棟別銭賦課額（「棟別日記」で指定されたもの）の維持のみを目指して、本家以外の家にも棟別を賦課するという細則変更を実施して、問題を乗り切ろうとしたのであった。

そして注目されるのは、この棟別新法が、「法光寺棟別改之日記」のほぼ一ヵ月後に通達されていることである。すでに天文十一年（一五四二）以来、武田氏の棟別改めが完了していたであろうことは、「法度」の「棟別法度」からも知られる。にもかかわらず、法光寺領での「棟別改」の結果である「日記」が、弘治元年（一五五五）十二月十八日に交付されているのは、まさに新家なども含めた再改めの結果であり、その過程でこの棟別の改革令（棟別新法）が通達されたのであろう。

ところで、この時期に税制改革を行ったのは、武田信玄ばかりではなかった。隣国の北条氏康も、連年に及ぶ関東管領上杉氏との抗争により、国内の疲弊が深刻となり、領国下の広範な郷村の退転や訴願に直面し、天文十九年（一五五〇）に大規模な税制改革に踏み切っている。その内容は、諸点役《しょてんやく》（臨時に賦課される公事）を一切廃止し、その代わりに郷村の貫高一〇〇貫文につき六貫文懸《がけ》（貫高の六％）の懸銭を新たに設定するというものである。この他に、地頭・代官の不当な課役賦課に対して、北条氏に直訴を認め、郷村を捨てて退転した百姓が帰村すれば、借銭・借米は免除するという徳政令《とくせい》をも出している（「大川文書」『戦国遺文後北条氏編』三六五号他、なお詳細は黒田基樹『戦国大名の危機管理』参照）。

北条氏康が税制改革を決断した背景には、天文十八年（一五四九）四月十四日に発生した、大地震があると指摘されている（黒田前掲著書など）。この大地震は、明応《めいおう》七年（一四九八）八月二十五日に発生した明応地震（震源は静岡県南方海中、マグニチュード推定八・四～八・六）に匹敵する規模と噂され、中部から関東地方一帯に被害をもたらし、余震は一〇日間も断続的につづいた（『勝山記』）。

武田信玄が、天文末年から弘治二年（一五五六）にかけて実施した税制改革も、武田氏の信濃侵攻による領国の疲弊という理由の他に、北条氏と同じく天文十八年（一五四九）の大地震が背景にあるのではなかろうか。

## 郷村を基盤とした税制

これまで、武田信玄が整備した税制について縷々《るる》述べてきたわけであるが、その特徴は、領国下の郷村がこれらの諸役を請け負い、納入を実現していたことである。当時の郷村は、地下人や郷中乙名衆と呼ばれる土豪・有力百姓層に属する本家層が、郷村運営を掌握し、先例をはじめとする在地慣習（法秩序）の管理・継承を小百姓とともに担っていた。また郷村は、それに帰属する人々の生命と財産や、諸権利を保全する組織として機能し、田畠の所持や売買による移動の確認と保証、用水・入会《いりあい》用益をめぐる他村との争論や訴訟をはじめとする活動を行っていた。とくに、諸権利を保全するためには、「質取《しちとり》」（証拠の差し押さえ）などや、「郷村出合」（村人の動員）の上で、相手方に集団で圧力を加える「ヲシカケ」というような武力行使を含み、時には、武士に立ち向かうこともあった（拙著『戦国大名領国の基礎構造』、「戦国大名武田氏の在地支配について」『定本・武田信玄』）。

くわしい背景や原因などは不明であるが、文明七年（一四七五）十二月十日に、甲斐国都留郡の侍河口氏は、地下衆（郷村の有力者）と争って殺害されている（『勝山記』）。また、天文十七年六月、武田信玄が上田原の合戦で、村上義清に敗退したことを受けて、信濃の府中小笠原長時《おがさわらながとき》と、安曇郡の有力国衆仁科道外《にしなどうがい》は、共同で諏訪郡に侵攻し、諏訪大社下社《しもしゃ》とその周辺を荒らし回った。これに対して、下社の地下人らが結束して、独自に小笠原・仁科軍と渡り合い、長時の馬廻りの騎馬武者一七騎と雑兵《ぞうひょう》一〇〇人余を討ち取り、長時自身にも二ヵ所の手傷を負わせ、これを撃退した（『諏訪神使御頭之日記』）。戦国時代の武装した郷村の人々の力量を示すエピソードである。そもそも、戦国大名が郷村より兵卒を動員しようと躍起《やっき》になったのは、彼らが日常的に武装をしており、戦国の戦闘に投入できる力量が蓄積されていたからに他ならない。

こうした郷村の武装や法秩序の機能に依拠して、棟別などは郷村に委ねられ、これを武田氏が統括することで成立していた。たとえば、武田氏の印判状《いんぱんじょう》を所持していないにもかかわらず、強いて伝馬を利用しようとする者に対して、「強儀を以て伝馬を催促せハ、一郷同意せしめ、件の者召し禁じ、陣下へ注進すべき者也」（『戦武』七六六号）、「郷中一味いたし、召つれ参《まいる》へきの事」（『戦武』八一七号）などと述べていた。これは、郷村が秩序を乱す者を逮捕する、自力の発動を容認し、むしろそれを奨励し、保護する規定である。
また伝馬を忌避し、転居した場合には、郷村や宿中がその者を追及し、その役を勤めさせねばならないと定められており、これも棟別と同じく、共同体の自治的機能を前提として編成されていたのである。

このようにみてくると、領国の治安維持などの警察制度も、郷村や宿中、町中などに委ねられていた可能性が高い。「法度」をよく検討してみると、盗人《ぬすびと》や盗物《ぬすみもの》（盗品）、強盗、悪党をはじめ、放火、殺害人（夜討《ようち》等も含む）、科人《とがにん》、濫吹人《らんすいにん》、博奕《ばくち》などの取り扱い、すわなち治安・警察制度に関わる規定が、ほとんど見られないという特徴がある。悪党に触れた条文もあるが、何をもって悪党と規定するのか、またそれはどのように処罰され、それぞれの処罰の基準は何かなど、他の戦国法には見られる条文が欠如している。これは、様々な罪科に関する理非の判断と処罰を、武田氏が独占しており、問題はそうした者の探索と捕縛（逮捕）を、どのようにして実現するかということのみが問題であったことをうかがわせる。そのために、武田氏は郷村に対して、犯罪人の申告や捕縛を命じていた。

これは、天文二十二年七月、甲斐鮎沢郷・田島郷（以上、山梨県南アルプス市）・西新居《にしあらい》郷（同中央市）に対して、盗賊（火賊・強盗・夜討ちを含む）を郷村が匿《かくま》うことを厳禁し、それを武田氏に告発するように指示した事例があることから、かなり早い段階より、在地社会の自力にもとづく秩序維持機能を、治安維持と警察機能システムの前提とし、それに依拠していたことを示している（『県内』一三九七号）。そして、もし郷村側が告発するよりも前に、盗賊の隠匿《いんとく》を武田氏が察知した場合には、「郷中罰銭《ばつぜに》」を賦課すると述べており、事実、郷中罰銭の賦課と免除が問題になっている事例もある（『県内』四九五・四九六号）。

このように、武田領国下において、在地社会の秩序維持の基礎を担うのは、郷村や宿中・町中などの共同体であった。だからこそ、これを乱す者が出た場合には、郷村などがそうした者たちを捕縛することが可能であった。だがいっぽうで、秩序を乱す者が出たり、犯罪が発生しても、その犯人（悪党）を、武田氏が容易に捕縛しえないことも少なくなかった。それを何らかの利害関係などにより、匿おうとすることもあったからである。そうした場合でも、犯人がどこかの郷村に潜んでいることぐらい、武田氏も十分に承知していた。しかしその摘発は、郷村の壁によって阻まれていた。治安維持と警察機能をあわせもつ、在地社会のシステムは、同時に犯人隠匿の方向に作用した場合、大名権力にとって犯人逮捕を阻む壁として立ちはだかった。武田氏は犯人の摘発や隠匿を報告してくることを奨励し、それに依拠するほかなかったが、だからこそ、依拠していた郷村が犯人を隠匿すれば、それは郷村全体の罪と見なし、郷中罰銭という罰金刑の対象にしたのである。

このように、治安・警察機能は、武田氏と在地社会との緊張に満ちた共同によって成り立っていた。自力の能力を持っていたからこそ、郷村をはじめとする共同体は、武田氏の領国支配体制の基盤として位置づけられ、やがて近世の村請へと継承されていくことにもなったのである。

# 甲州法度の制定

## 甲州法度の成立

「甲州法度之次第」は、天文十六年（一五四七）六月一日に、武田晴信（信玄、以下統一）が制定した、武田氏の分国法である。その制定に至るまでの過程については、不明であるが、『高白斎記』天文十六年五月晦日条に「甲州新法度之次第書き納め進上仕り候」とあり、重臣駒井高白斎らが条文の検討や推敲《すいこう》に関与していたことは間違いなかろう。信玄は、重臣層とともに条文の検討を行い、その清書を五月末日に提出させ、翌六月一日に制定したものと推定される。

この「法度」は、『甲陽軍鑑』の流布本が、五五ヵ条と追加二ヵ条と、禅僧竜山子《りゅうざんし》（春国光新〈長禅寺二世〉）の序文を品第一に載せ、次いで品第二に、武田信繁（信玄実弟）が息子長老（信豊）に与えた家訓九九ヵ条（永禄元年〈一五五八〉四月制定）を載せたことから、江戸時代には、この形態が「信玄家法」と総称され、認識されていた。そのため、後に『群書類従《ぐんしょるいじゅう》』も、これをそのまま転載しているが、『軍鑑』伝解本はこの体裁の誤りを認め、春国光新の序文は、武田信繁家訓のものとして、「法度」の末尾から切り離し、正しい体裁を復元している。その後、「法度」は永く五五ヵ条が成立当初からの形態と見なされた。ところが、天文十六年六月一日の日付と、信玄の花押《かおう》が据えられた二六ヵ条本が発見されたことから、「法度」は当初二六ヵ条が制定され、天文二十三年までに徐々に条文が追加され、最終的には同年五月に追加法二ヵ条が加えられて、五七ヵ条になったことがほぼ確定された（この他に、流布本に未収録の三ヵ条もあるので、六〇ヵ条とする考え方もある）。

「法度」は、その内容から、武家法の源流とされる「貞永式目《じょうえいしきもく》」と、当時武田氏と同盟国であった、駿河国今川氏の分国法「今川仮名目録」（以下、「目録」）の強い影響が見られる。

特に「貞永式目」との関連で注目されるのは、「法度」第一条と、「貞永式目」第四条との類似性である。

一、国中地頭人等子細を申さず、恣《ほしいまま》に罪科跡と称し、私《わたくし》に没収せしむる条、甚《はなは》だもって自由の至りなり、もし犯科人等晴信被官たらば、地頭の綺《いろい》あるべからず、田畠のことは下知を加え、別人に出すべし、年貢諸役等地頭へ速やかに弁償すべし、恩地にいたらば書き載せるに及ばず、次に在家ならびに妻子資財のことは定法の如く、職にこれを渡すべし

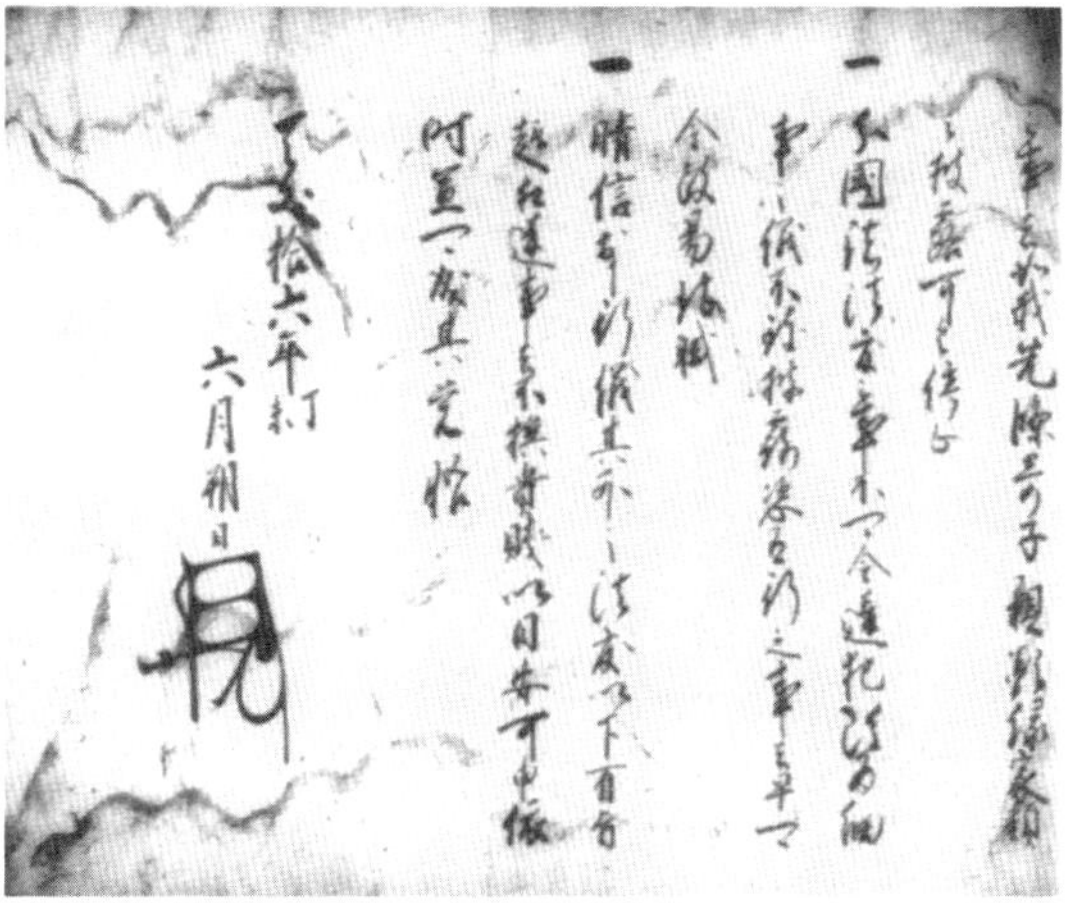

図10 「甲州法度之次第」二六ヵ条本（東京大学史料編纂所蔵）

これと「貞永式目」第四条を比較すると、武田信玄が何を意図して「法度」を制定したかが透《す》けて見える。

一、同じく（諸国）守護人、事の由を申さず、罪科の跡を没収する事

右、重犯の輩《ともがら》出来の時は、すべからく子細を申し、その左右に随うべきの処、実否を決せず、軽重を糺《ただ》さず、恣に罪科の跡と称して私に没収せしむるの条、理不尽の沙汰甚だ自由の姦謀《かんぼう》なり、早くその旨を註進《ちゅうしん》し、宜《よろ》しく裁断を蒙らしむべし、猶もって違犯せば、罪科に処せらるべ

し、次に犯科人の田畠・在家ならびに妻子・資材の事、重科の輩においては守護所に召し渡すといえども、田宅・妻子・雑具に至っては付け渡すに及ばず、兼ねてまた同類の事、たとい白状に載するといえども、贓物《ぞうもつ》なくばさらに沙汰の限りにあらず

「貞永式目」第四条では、諸国の守護が、鎌倉幕府に注進せず、事実関係を究明することなく、勝手に犯罪人と認定してその資財を没収することを禁じ、さらに重犯人の田畠、在家、妻子などの処分は、守護ではなく、幕府の専権事項であることを規定したものである。この条文と、「法度」第一条は酷似しており、信玄は地頭（寺社を含む領主層）の恣意的な検断を抑止し、とりわけ武田氏のもとに参じた「晴信被官」（武田氏直参の軍役衆・御家人衆）の権益を擁護しようとしたものである。ここでは、武田氏が鎌倉幕府の立場に置かれ、その統制下にある諸国守護が地頭であり、軍役衆らへの検断は武田氏が管掌することや、彼らの資財もまた武田氏の判断により処分されることが明示されている。これは、武田氏がその領国において地頭層に優越する最高位に位置し、地頭層の恣意的な領主権行使を制約することを宣言したものである。

次に特徴的なことは、「目録」の影響が当初は極めて顕著であることである。「目録」は、大永六年（一五二六）に今川氏親《うじちか》が三三ヵ条を制定し、その子義元が天文二十二年（一五五三）に二一ヵ条を追加（「仮名目録追加」）したものである。このうち、「法度」は、氏親

が制定した三三ヵ条の影響を強く受け、義元の「仮名目録追加」の影響は見られないことに特徴がある（表1参照）。そして、「法度」と「目録」の関係を検討してみると、「法度」二六ヵ条のうち、半数近い一二ヵ条が「目録」を参照にして成立したことが明らかである。これに対し、条文追加をへた「法度」五七ヵ条では、わずか一ヵ条のみしか「目録」との継受関係を見いだせない。これは、天文十六年以後の武田氏が、今川氏の経験をもはや参照せず、領国経営における独自の判断にもとづいて法令を制定していったことを示している。

**制定の背景とその意図**

武田信玄が天文十六年（一五四七）に制定したのには、特有の背景があったとみられる。それは、二六ヵ条のうち、「目録」を参考に制定した条文は、地頭（領主）と百姓との紛争、地頭の知行地などの質入れや売買、地頭の借財に関する規定が目立って多いことからもうかがわれる。これは信濃侵攻に邁進《まいしん》する武田氏に動員される地頭・軍役衆が、その過重負担により困窮しはじめていたことや、またそのしわ寄せを受ける百姓層の反発が高まっていたことが背景にあったのであろう（表1、2参照）。制定から追加法成立までの武田氏は、信濃で二度の敗戦を含む、最も厳しく、激しい戦争を遂行していた。

武田氏は天文二十三年までに五七ヵ条を成立させるが、それは二六ヵ条成立後に、それ

表1　「甲州法度之次第」二六ヵ条本内容分類一覧

| 内　　容 | 条　　数 | 合計 |
|---|---|---|
| 地頭と百姓の紛争 | 1・5・(6) | 3 |
| 地頭の知行地・所領問題（質入れ，売買等を含む） | (7)・8・(9) | 3 |
| 米銭の賃借 | 16 | 1 |
| 譜代・下人条項 | 10・(11)・(13)・(20) | 4 |
| 喧嘩・刃傷・殺害への対応（子供を含む） | (12)・(22) | 2 |
| 寄親―寄子関係の諸問題 | 14・23・24 | 3 |
| 訴訟手続の規定 | 2・(21) | 2 |
| 他国との交渉 | 3・(4) | 2 |
| 僧侶・山伏・禰宜（宗教問題） | (18)・19* | 2 |
| その他 | 15・(17)・25・26 | 4 |
| 合計 | | 26 |

＊19は五五ヵ条で削除された出家の妻帯禁止に関する規定．
（　）で囲んだ数字は，「今川仮名目録」の影響が認められる条文．

では対応しえない諸問題に直面したため、順次条文の追加したことを示している。追加条項についてみると、①米銭の貸借に関する条文の追加が最も多く、次いで②地頭の知行地・所領問題、③地頭と百姓の紛争、④棟別銭の賦課・徴収と郷村の退転がつづいている。しかし、このうちの②③の二つを武田氏の軍事力を支える地頭（領主）層の抱えていた問題として一括すると、条文追加は一一ヵ条にも及び、最初の二六ヵ条本に存在した条項とあわせると一七ヵ条に上り、これは「法度」全体の約三割を占める。また、武田氏の軍事

表2　「甲州法度之次第」五五ヵ条本内容分類一覧

| 内　容 | 条　数 | 合計 | 増減 |
|---|---|---|---|
| 地頭と百姓の紛争 | (1)〈1〉・(5)〈5〉・6・(7)〈6〉・9・13・54・追2 | 8 | (＋5) |
| 地頭の知行地・所領問題（質入れ，売買，養子問題等を含む） | (8)〈7〉・(10)〈8〉・11・(12)〈9〉・31・39・40・43・追1 | 9 | (＋6) |
| 米銭の賃借 | 38・(41)〈16〉・44・45・46・47・48・49・50・51 | 10 | (＋9) |
| 譜代・下人条項 | (14)〈10〉・(15)〈11〉・16・(18)〈13〉・(23)〈20〉・53 | 6 | (＋2) |
| 喧嘩・刃傷・殺害への対応（子供を含む） | (17)〈12〉・(25)〈22〉・26* | 3 | (＋1) |
| 寄親—寄子関係の諸問題（訴訟手続の規定を含む） | (2)〈2〉・(19)〈14〉・(24)〈21〉・(27)〈23〉・28〈24〉 | 5 | (±0) |
| 他国との交渉 | (3)〈3〉・(4)〈4〉 | 2 | (±0) |
| 棟別銭の賦課・徴収と郷村の退転問題（死失人，不足銭規定を含む） | 32〜37・56・57 | 8 | (＋8) |
| 僧侶・山伏・禰宜（宗教問題） | (22)〈18〉・52・58 | 3 | (＋2) |
| その他 | (20)〈15〉・(21)〈17〉・(29)〈25〉・30・42・(55)〈26〉 | 6 | (＋2) |
| 合計 | | 60 | (＋35) |

出典：『中世法制史料集』第三巻．五五ヵ条に追加二ヵ条と流布本に未収録の三ヵ条を含め，全六〇ヵ条として分類した．

条数欄の(　)で囲んだ数字は，二六ヵ条と一致する条文を指し，その隣に付けた〈　〉内の数字は二六ヵ条本での条数を示す．

二六ヵ条本に存在する第一九条（出家の妻帯禁止規定）は除外してある．

＊数字は，「今川仮名目録」の影響が認められる条文．

力と財政の基盤である、棟別役に関する条項も借銭条項に次いで多い。つまり、「法度」の条文追加は、軍事動員と戦争遂行による領国の疲弊を如実に反映した結果であり、それに対する武田氏の懸命の対応を物語っている。

## 甲州法度の特徴

信玄は、「法度」制定にあたって、他の戦国法にはみられない独自の法令を二ヵ条盛り込み、そのうち一ヵ条を改変時に削除している。最も著名な条文として、一九条の僧侶の妻帯《さいたい》を罪科と規定したものがある（ただし、僧侶の妻帯を事情によっては役銭納入によって許可するとの付帯条項がある）。ところが、この条文は五七ヵ条成立の際に削除された。僧侶の妻帯については『甲陽軍鑑』に、日蓮宗僧侶の妻帯の事実が問題になったとき、信玄は密懐でなければ、それを認めるとの判断を示しつつ、清僧と落僧を区別するため、妻帯役を課したことが紹介されている。ここから、信玄自身が僧侶の妻帯禁止は現実的ではないと認識していたことがうかがわれ、条文の削除は、それを反映したものであろう。実際に、武田氏が妻帯役を寺院に賦課している事例をいくつも確認できるが、諸宗派のうち一向宗に対しては、宗派の事情や一向宗保護の観点から、特に妻帯役を免許している（『県内』六八五号他）。

また最後の条文として、「晴信行儀その外の法度以下において、意趣相違のことあらば、貴賤を撰ばず目安をもって申すべし、時宜によりその覚悟をなすべし」を掲げている。これは、「法度」に対して当主武田信玄自身も超然たる地位ではなく、それに拘束されるものであることを明記したきわめて珍しい条文で、他の戦国法には類例がない。この条文は、先に削除された僧侶の妻帯に関する条文とともに、若きころの武田信玄の理想主義をうかがわせる条文という意味において、共通するものである。

最後の条文で信玄は、もし自分の言動が「法度」の趣旨に反するようなことが目に付いたら、身分に関係なく訴状で申し出ることを容認し、武田氏当主の行動であっても、これを法令に照らして家臣、領民が監視、拘束しうる道を開いたのである。これが空文であったか、それともある程度の効力を持ち、信玄の恣《し》意的行動を規制した事実が存在したかどうかは確認できないが、信玄の経綸《けいりん》（国を治める力）と修養の高さや、徳治主義にもとづく支配理念の実在を知ることができよう。

また、この条文から、「法度」が広く家臣はもちろん、領民の知るところであったこと、つまり武田領国に発布、通達されていたことがうかがわれる。そのためか、「法度」の写本が旧武田領の旧家から発見される事例が少なくない。これは、「目録」が守秘義務を課していたように（実際には、今川家臣には広く知られていた）、戦国法の多くが限られた階層に流布し、地域社会との接点が稀薄であるのとは対照的である。

## 武田信繁家訓の成立

永禄元年（一五五八）四月、武田信玄の実弟典厩信繁《てんきゅうのぶしげ》は、息子長老（後の武田典厩信豊）に対し、九九ヵ条に及ぶ家訓を与えた。これが「武田信繁家訓」（以下「家訓」）である。この「家訓」は、既述のように、長い間「法度」の一部分とみなされ、「信玄家法」と呼称され、また本当に武田信繁が作成したものかどうかについても、疑問視された時期もあった。現在では、信繁が作成したことは間違いないとされ、その資料的価値は確定されている（詳細は桃裕行『武家家訓の研究』参照）。だが、この「家訓」研究は本格的にはなされておらず、成立の事情を含めて未検討の課題が多い。

ところでこの「家訓」には、長禅寺二世の春国光新（竜山子）が序文を寄せていることから、信繁が息子信豊に書き与えた私的な家訓という意味では、異質な体裁を取っていることに気づく。また、武田氏滅亡直後、徳川家康が軍法改定のため、武田遺臣たちより武田氏の軍法や法令を提出させているが、そのさいに、この「家訓」も武田遺臣たちより家康に届けられていることなどから（『武徳編年集成』他）、武田氏の家中には知れ渡っていたものであることがうかがわれる。これらから、「家訓」は、息子に書き与えるとの体裁を持ちながらも、実際には武田家中に広く流布させることを目的に作成されたのではないかと考えられる。この「家訓」成立は、武田信繁が川中島で戦死する三年前のことで、当時彼は三四歳であった。この時期に、なぜ家訓を書き上げたのかは定かではないが、その内容から推定を試みてみよう。

まず冒頭に掲げられているのは、「一、屋形様に対し奉り、尽未来《じんみらい》、逆意あるべからざる事」であり、このほかに「一、大細事共に御下知を違背《いはい》すべからざる事」（第一七条）、「一、毎日出仕、懈怠《けたい》すべからざる事」（第二八条）、「一、屋形様、如何様《いかよう》に曲なき御擬《おんぎ》候といえども、述懐すべからざる事」（第三二条）、「一、出陣の砌《みぎり》、一日も大将の跡に残らざる事」（第四〇条）など、屋形である武田信玄に対する服従を明記し、如何なる罰を与えられても（それがたとえ理不尽なものでも）、甘受すべきで不満を持ってはならず、一族であってもその臣下の一員として、奉公に励まなければならないことを繰り返し記している。

その上で、父母への孝養と兄弟間の互助、家来や下人らを労《いたわ》ることや、彼らの戦陣での取り扱いなどを詳細に書き連ね、その一々を中国の古典を引用して根拠としている。この中には、武士といえども学問や芸能を身につけねばならず、また平素は武芸の稽古に励み、さらに武具や馬の手入れなどに精進すること、戦陣ではどのような心がけが必要かなど、詳細に書き連ねてあり、これらは「朝倉孝景《あさくらたかかげ》条々」や「早雲寺《そううんじ》殿廿一箇条」とも共通する部分が多い。これは、信繁がこれらを参考にしたということではなく、当時の身分の高い武将たちが持っていた、共通認識であったためであろう。そのため、それぞれが家訓や条々で用いた表現方法こそ、武田信繁、朝倉孝景、伊勢宗瑞《いせそうずい》ごとに違ってはいたが、通底する部分は多かったのである。

「家訓」が「朝倉孝景条々」や「早雲寺殿廿一箇条」と相違するところは、中国の古典などを引用して、自分の家訓部分と併記し、参照を促している点で、そこに引用された古典は、『論語』、『三略』、『史記』など二〇点に及んでおり、信繁の学識の深さがうかがわれる。

さてそれでは、信繁はなぜこの時期に「家訓」を書いたのであろうか。また、その意味するところは何であったのだろうか。まず「家訓」が成立した、永禄元年（一五五八）四月は、武田信玄が室町幕府将軍足利義輝に依頼して、信濃守護職に正式に補任されることがほぼ決定され、また信玄の嫡男太郎義信も三管領に準じる身分を与えるとの決定がなされ、これが武田氏に伝達された直後に相当する。また、前年の弘治三年には長尾景虎との第三次川中島の戦いが実施され、信濃制圧が現実性を帯びてきた時期でもある。このような政治・軍事情勢の中で、信繁は屋形（武田家当主信玄）に忠節を尽くすことと、臣下として絶対的な服従を軸にした「家訓」を成立させたわけである。ここで、注目したいのは、先に掲げた「家訓」第一条と、次の文言との比較である。

一、信玄様に対し奉り、逆心・謀叛等相企てるべからざるの事

これは、永禄十年（一五六七）八月、武田信玄が一族・家臣団より提出させた起請文（下之郷起請文）の一条であるが（「生島足島神社文書」『信玄武将の起請文』）、信玄への服従と忠節を誓約した起請文の一条と、「信繁」家訓の冒頭とは極めて酷似していることがわかる。すなわち、「家訓」は全体として、実弟武田信繁が、兄で屋形でもある武田信玄に臣下として服従と忠節を誓うという一種の起請文のような意味合いを持ち、これを息子信豊に与えるという形式を取りながらも、実際には春国光新《しゅんこくこうしん》の序文を付して、広く家中に流布させるのが目的ではなかったかと考えられる。これは、信玄の信濃守護職補任、義信の準三管領待遇の決定という、武田氏の格式の上昇と、長尾景虎との厳しい対立という軍事的情勢を踏まえて、家中の引き締めを図り、武田氏への服従と忠節の必要性を認識させるため、御親類衆の筆頭で、信玄の実弟でもある信繁が率先して範を垂れるべく作成したのではなかろうか。記して後考を待ちたいと思う。

# 領国統治の諸相

## 治水

甲斐国《かいのくに》の河川は、急流として知られ、それゆえに数多くの水害をもたらしてきた。戦国法の中で、洪水に対する規定があるのも「法度」の特徴である。特に甲府盆地は、洪水の常襲地帯であり、ここを貫流する河川で、水害をもたらす代表的なものが、笛吹《ふえふき》川・釜無《かまなし》川（富士川）・御勅使《みだい》川・荒川である。このうち、信玄が治《ち》水《すい》事業（川除《かわよけ》、いわゆる信玄堤《づつみ》の建設）を行った、釜無川と御勅使川について述べよう（以下の記述は、安達満『近世甲斐の治水と開発』、山梨郷土研究会・山梨県考古学協会・武田氏研究会編『信玄堤の再評価』、『山梨県史』通史編3近世1による）。

釜無川（富士川）は、南アルプスの北端横岳《よこだけ》峠を起点とする本谷と、鋸《のこぎりだけ》岳東方の七つ釜付近から流出する中ノ川の水が合流して釜無川となり、落合（長野県富士見町）で八ヶ岳を発した立場《たつば》川と合流して大きく南東に屈曲して、甲府盆地に向かう、幹川総延長約一二八キロの河川である。釜無川（富士川）は、最上《もがみ》川・球磨《くま》川とならんで日本三大急流の一つに数えられ、その名称も、釜（深潭《しんたん》）が無い、すなわち淵が形成されないほどの急流からとも（『甲斐国志』山川部一・九）、また釜は「クマ」（隈＝湾曲、蛇行《だこう》の意）ができる余裕がないほどの急流に由来するともいわれる（『甲斐叢記』）。それについては、日蓮《にちれん》も文永《ぶんえい》十二年（一二七五）二月に「富士河と申《もうす》日本第一のはやき河、北より南へ流たり」と印象深く記述しており（『山梨県史』県外記録編一五八―〈4〉）、現在でも、釜無川の河床勾配《かしょうこうばい》は、信玄堤付近で一四〇分一（一四〇メートルごとに一メートル下がる）の急流である。ちなみに、釜無川が笛吹川と合流し、富士川と名称を変える甲府盆地南端の富士橋付近では七一〇分一に過ぎず、現在でも竜王の信玄堤周辺が最も

図11　釜無川（手前）と現在の信玄堤（サンニチ印刷提供）

急流であることが知られる。釜無川は、室町・戦国期に竜王より流路を東に向け、東流路・中央流路・西流路の三筋に分流して甲府盆地を縦断し、笛吹川に注いでいた。その流路は、もっとも甲府寄りに流れていたものを東流路と呼び、これは途中、荒川と合流していたことから、洪水時には甲府近郊に甚大な被害を与えていたと推定されている。

ところで、釜無川が大きく甲府盆地を縦断する流路を形成したのは、釜無川に西より合流する御勅使川の影響によっていた。御勅使川は、巨摩《こま》山地のドコノヤ峠（標高一五一八メートル）の東麓を源流とし、甲府盆地に向けて渓谷を東へと流下したのち、駒場・築山《つくやま》・有野で盆地に出て、一気に釜無川にほぼ直角で合流していた河川である。その流長は一八・八キロと短いが、河川勾配は西から東にかけて約二・七％にも及ぶ日本屈指の急流である。御勅使川の語源は、天長二年（八二五）にこの河川が大氾濫を起こし、甲府盆地に甚大な被害をもたらしたため、当時の国司《こくし》文屋秋津が朝廷に奏聞《そうもん》して勅使《ちよくし》の下向《げこう》を実現させ、川《かわ》除《よけ》祭礼を執行したことにちなむというが、確証はない。なお史料によれば、「御勅使川」は「みでい」と読むのが通例である。この御勅使川については、今福利恵《りけい》氏の研究により、縄文時代より室町・戦国期にかけての流路変遷が明らかにされ、これが釜無川流路変遷（信玄堤形成過程）の研究にも大きな影響を与えている。それによれば、御勅使川は、自身が形成した広大な扇状地（扇頂部から釜無川までの距離〈東西〉は約七・五キロ、南北は約一〇ロ《キ》にも及ぶ）の範囲で、蛇行を繰り返し、古代から近代に至るまでの長い期間に、五本の流路を形成した。それは、南から十日市場流路・下今井流路・御勅使川南流路・前御勅使川・本御勅使川と想定される。

このうち、最も古い流路は、下今井流路で縄文時代晩期から弥生時代前期ごろの流路と想定され、ついで十日市場流路が弥生時代後期から古墳時代後期ごろのものと考えられている。つぎに、奈良・平安時代から中世前半までの御勅使川の本流は、御勅使川南流路である。しかし、この流路は、一五世紀末から一六世紀初頭ごろに発生した大氾濫《はんらん》による、分厚い土砂堆積《たいせき》によって埋没し、前御勅使川へと流路を変えたと推定されている。その後、この前御勅使川は振幅を繰り返し、一六世紀には新御勅使川（現在の御勅使川）を形成して二流路の併存という状況となって戦国期にいたった。つまり、武田信玄が生きた時代には、御勅使川は二流路が併存し、この急流が釜無川の流れを東へ押し出していたのであり、現在でも高校の教科書にまで登場する信玄が新御勅使川の河道を掘削《くっさく》したという説明は明らかな誤りである。

戦国期に武田氏によって閉鎖されたのが、釜無川三流路のうち、東流路である。信玄堤の構想は、御勅使川と釜無川の合流を安定させるため、新御勅使川を竜王の高岩（赤岩）に当てて、まず河川を前御勅使川に向け、東流路に流れ込む方向を変えて、前御勅使川に順流させ、中央流路や西流路に統合することにあった。そこで武田氏は、釜無川と新御勅使川が順流するよう、合流地点に一六石を積み上げておき、釜無川の水勢を殺《そ》いで、前御勅使川の水勢に押されて高岩へ向かう河道を安定させようとした。

加えて、前御勅使川が高岩に向けてまっすぐ流れるように、竜岡台地の南端を掘削し（堀切《ほりきり》）、河道を安定させていた。特に一六石は、それがなくとも合流した河道は高岩へと向かうが、釜無川の水勢に押されて、やや高岩の南端へと向かう（つまり東流路方向）ため、ここに川除を築いても、堤防が浸食され維持ができないといわれていた。信玄堤は、一六石・堀切・川除（堤防）という釜無川・御勅使川に対応する施設と、この川除の管理・護持とともに、廃河道となった東流路を耕地として開発するための拠点である、竜王河原宿の成立を見越した用水路の整備という一定の計画性のもとで、武田氏によって進められた事業である。

信玄が川除の構築をいつからはじめたのかは明確ではないが、弘治期（一五五五〜五七）にはすでに普請が開始され（川除祭礼として、竜王の信玄堤で実施された御幸祭は、弘治三年〈一五五七〉に文書に登場する）、永禄三年（一五六〇）にはほぼ成立した。川除の成立にあわせて武田氏は、これを日常的に補強し、決壊のさいには動員可能な労働力を確保するために、竜王に居住する者を募集した。居住した者へは、棟別役の免許が与えられていた。その結果、永禄八年（一五六五）四月には、竜王周辺や釜無川沿いの諸郷村から五〇軒が移住している。

こうした武田氏の川除事業は、その滅亡後、戦国大名徳川《とくがわ》氏や豊臣《とよとみ》大名に引き継がれた。武田氏が構築した川除は「上川除」と呼ばれ、それに連続する川除（「下川除」）が、徳川・豊臣両氏によって普請された結果、中央流路は慶長期（一五九六〜一六一五）に閉鎖され、西流路に統合された。そして西流路には、正徳《しょうとく》〜享保《きょうほう》期（一七一一〜一七三六）の甲府柳沢藩時代に括り堤が築造され、釜無川は、現在の流路に押し込められたのである。武田氏の時代に、この治水事業によって、甲府盆地の開発がどれほど進展したかは定かでないが、少なくとも中央流路以北は慶長期以後開発が進み、寛永期までには、武田時代に閉鎖された東流路沿いに、竜王新町、竜王下河原村、名取新田など数多くの村が成立している。

## 経済政策

武田信玄の経済政策は多岐に及ぶが、ここでは近世にも影響を与えた、金山、甲州金、秤《はかり》、枡《ます》に絞って紹介しよう。

最初に金山について述べよう（以下の叙述は、萩原三雄「甲斐の金山と武田氏」『定本・武田信玄』所収をはじめとする一連の業績、『甲斐黒川金山』、『湯之奥金山遺跡の研究』による）。武田氏は金山を開発し、甲州金を鋳造したことで知られている。甲斐の金山は、①鶏冠《けいかん》山

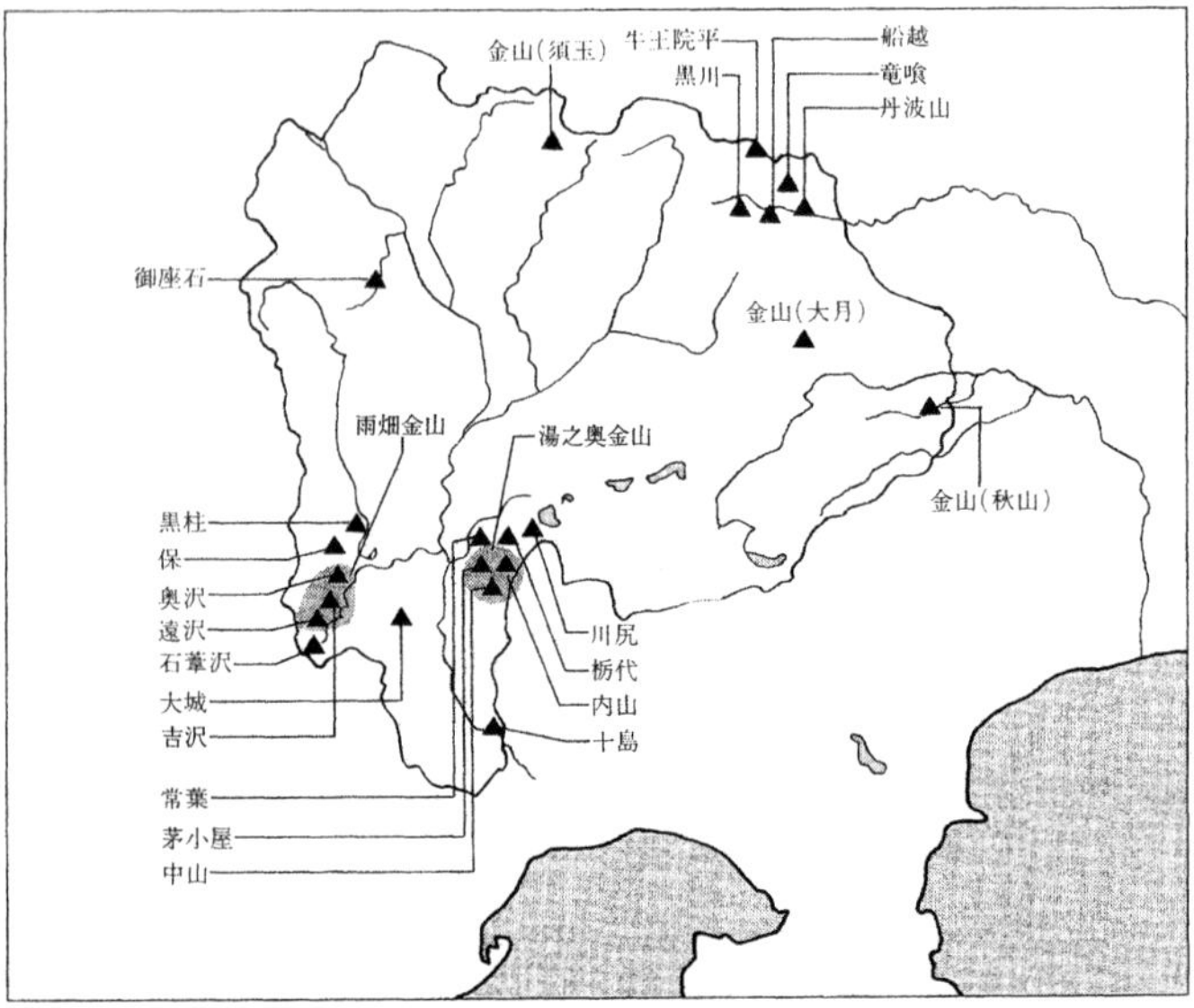


図12　甲斐国内の金山分布図

を中心とする黒川《くろかわ》金山などの諸金山、②丹波《たば》山金山をはじめとする北都留《つる》郡一帯の諸金山、③湯之奥《ゆのおく》金山と総称される中山・内山・茅小屋金山、④早川・雨畑川流域に集中して存在する、黒桂《つづら》・保《ほう》金山と雨畑《あめはた》金山（奥沢・遠沢・吉永金山）、⑤鳳凰《ほうおう》三山の一角に見いだされた御座石《ございし》金山、⑥甲駿国境付近より見いだされた十島《とおしま》金山、などが存在する。このうち、武田氏が関与したと推定されるのは、①②⑤であり、③④⑥は武田一族穴山氏が開発と経営に関わっていたとされ、④⑥は鉱石を破砕《はさい》した後、粒子状（粉成《ふんせい》）にするために使用された鉱山臼《うす》（湯之奥型）に共通性が見られる。この技術の共通性は、開発に携わった金山衆やそれを支援する有力者が同じであったことをうかがわせる。

甲斐の金山は、信玄の時代よりもはるかに早く、一五〇〇年前後には開発が開始されたことが、黒川・湯之奥金山の発掘調査で明確になっており、それは信玄の曾祖父信昌《のぶまさ》と祖父信縄《のぶつな》時代にまで遡る。記録では、明応七年の大地震にさいして、黒川金山と推定される金山が、震動で「金山クツレ」(崩落)、「中山損」(湯之奥金山の損傷)などのように被害を受けたことを記す『王代記《おうだいき》』が初見である。

金の採掘には、山金《やまきん》(堀間《ほりま》〈坑道〉より採掘される金鉱)、川金《かわきん》(砂金の採取)、柴金《しばきん》(芝金とも、河岸段丘上に堆積した砂金の採取)の三形態があり、これらが組み合わされて金が集められた。この採掘に従事していたのが金山衆である。彼らは、山の麓に屋敷と田畠を所持して農業経営を行うかたわら、商業にも従事する土豪・有徳人であり、金山では堀間(間歩《まぶ》)を所有し、ここに金堀衆を集めて金山に送り込み、採掘をさせた経営者でもあった。こうした金山衆は、武田氏より諸役免許特権を与えられ、個別に文書を与えられる存在であり、後には軍役衆化の道をたどった者もいた。またこれとは別に「黒川金山衆」「金堀中」などのように集団で、個別ではなく一括して武田氏より把握され、給分も籾などで与えられる人々もいた。前者は、既述の土豪・有徳人の金山衆を指し、後者はその配下として、採掘作業に従事し、鉱山を渡り歩く漂泊の職人と捉えられている。

金山の経営形態には二つの種類があり、それは、金山全体を大名が直轄経営する方式と、金山の経営と採掘を金山衆に委託する方法であった。前者の場合、採掘された金は、原則として大名が収取するが、後者の場合は、金山衆が堀間（間歩）ごとに権利を持ち、それに応じて一定の金を上納することで、大名のもとに金がもたらされるという方法である。穴山氏が所持していた河内領の諸金山は、穴山氏が在地の有力者を代官に任命し、彼らが管理・運営を担い金山の開発を行なう直轄経営であった。だが、武田氏の黒川金山などの場合は、穴山氏のような直轄方式か（今村啓爾『戦国金山伝説を掘る』）、金山衆の独自の開発・採掘に、武田氏が保護を加え、金の上納を命じる間接支配か（萩原三雄他）で見解が分かれているものの、現在では後者の説が有力である。

なお、金山は甲斐国内に止まらず、占領地域の信濃・駿河・三河などにも点在している。このうち、甲斐の金山と深く関わる金山としては、尾根を挟んだ反対側に位置するものに、湯之奥金山と駿河国富士金山（麓金山）、雨畑《あめはた》金山と駿河国安倍金山などがある。これら武田領国に存在した金山には、鉱石を粉成する磨《す》り臼《うす》に共通性があり、武田氏の支配とその庇護下で金山開発に従事した金山衆の存在が推測されている。

武田領国下の金山は、その末期になると次第に金の産出量が減少し、天正八年（一五八〇）にはその手当のために、黒川金山衆田辺氏らに金産出が改善するまでは、諸役免許特権が与えられている（『県内』四二三号他）。しかし、黒川金山は寛永期に、湯之奥金山も近世前期には廃絶し、金山衆は新たな山を求めて、各地に散っていくか、金山採掘の技術を生かして、土木工事の請負人へと転じていくことが明らかにされている。武田氏の隆盛期に金山は、その稼働の最盛期を迎え、勝頼期にほぼ終末期にさしかかっていたと考えられる。

いずれにせよ、金山よりもたらされた金は、金貨に鋳造された。これが甲州金である。鉱石から金を抽出する作業は、金山の現場でも実施されていたが、それは地金としてであり、それをさらに精度の高い金に仕上げ、金貨にするのが、金職人である金屋の仕事であった。甲州金は、近世において佐渡・陸奥から産出される金よりも、銀気が薄くて金の品位が高い金として高く評価されていた（甲州金の記述は、西脇康「甲州金の吹替・両替・金位」『山梨県史研究』一二号、平山「近世初期甲州金成立過程の研究」飯田文彌編『中近世甲斐の社会と文化』、「甲州金成立期にかんする覚書」『山梨県史研究』十四号による）。

甲州金といえば、碁石金に代表されるが、決してそればかりではなく、天文十三年（一五四四）の記録（「開山国師真前宝物子母銭帳」）によれば、「小板《こいた》」「大板《おおいた》」と呼称される板状の金や、「星」と呼称される円形の金など多様な形態があったことが知られる（「京都臨《りん》川寺《せんじ》文書」)。このうち、板状の金は蛭藻《ひるも》金・譲葉《ゆずりは》金・方形判金に相当すると推定され、実物の発掘事例も多い(東京国立博物館所蔵「春日居町出土金」、諏訪大社下社秋宮所蔵「同社境内出土金」他)。また、円形の金は、碁石金や円形の厚延《あつのべ》金・小玉《こだま》金に比定される。また慶長期には「こいし金」(碁石金)の他に、「すな金」「天神瓦」などの形態も見られる(『山梨県史』資料編八領主四九九号)。甲州で産出された金の総称が甲州金であり、それが近世になって碁石金へと統合されていった結果、碁石金=甲州金というイメージが出来上がったと考えられる。

武田氏が鋳造《ちゅうぞう》を命じたのは、甲州金のうち、碁石金と円形の厚延金・小玉金と推定される。それは、碁石金は『甲陽軍鑑』に武功のあった者への恩賞として、信玄が両手に三すくいを与えたとある記述により、また円形の厚延金・小玉金は、甲判一分金が信玄の鋳造であるという記録(「本阿弥光悦行状記」正木篤三『本阿弥光悦行状記と光悦』)や、慶長八年にはある程度流通していたと推定できる史料が存在していることから(『新編甲州古文書』一四七〇号)、戦国期に成立したことは間違いなかろう。ただし、甲州金は一般の人々の間で、銅銭に代わって流通していたことは確認できず、むしろ武田氏や地頭層、有徳人、寺社などが贈答品、恩賞、上納物として利用していたことが確認される。また上杉氏などの事例から、武田氏が地頭らへ行っていた貸付の原資となっていたことなどが推定される。

そして、甲州金を鋳造した金屋として、松木・野中・志村・山下氏が存在したといわれる。彼らはいずれも甲府で甲州金を鋳造していたが、武田氏滅亡後まもなく山下氏は退転したと推定され、志村氏は没落し、後に松木氏の支配下に入った。また松木氏は、徳川氏の関東転封にしたがって甲斐を去り、豊臣大名在国期には、野中氏が甲州金鋳造の中心を担った。だが、豊臣氏没落後は、関東から戻った松木氏が実権を掌握し、野中氏は没落したと推定され、慶長十四年に雑多な品位と形態の甲州金は整理され、碁石金と厚延金を基軸とする、近世甲州金が成立するのである。

この甲州金の安定した流通を保障するのが、正確な秤である。戦国期には、私秤《しばかり》が広く存在しており、秤量《しょうりょう》貨幣である金の安定した流通にはほど遠かった。そこで、武田氏が吉川氏を呼び寄せて、正確な金秤を製造させた。これが守随秤《しゅずいばかり》である。武田氏や、その滅亡後は徳川氏が守随秤を公定秤にしようとしたものの、なお私秤が横行しており、その規制をせねばならなかった。それでも、公定秤である守随秤の成立は、甲州金の鋳造と車の両輪の関係にあり、両者は依存しあって甲州金の量目の安定を実現していたのである。なお、守随秤は甲府より江戸に移され、近世では東日本の公定秤として、幕府に認定されている（林英夫『秤座』、『守随家秤座史料』）。

この他に、武田氏が公定した施策としては、甲州枡の存在があげられる。甲州枡《こうしゅうます》は、甲斐国のうち、巨摩・八代・山梨三郡のみで通用した枡で、京枡の三倍を甲州枡の一升としこれを三升枡と呼称した。以下、その四分の一に相当する「はたご」（四ッ入、一盃枡）、その二分の一（三升枡の八分の一）が「なからせんじ」、その二分の一（三升枡の十六分の一）が「小なからせんじ」で、全部で四種類の枡が存在した。この枡の起源は定かでないが、近世の由緒によれば、国母地蔵や苗敷山など中世の人々の信仰を集め、武田氏も重視した宗教施設との関わりが深いとされている（『山梨県史』資料編13下全県一七六号）。

武田氏の甲州枡制定は、数ある雑多な枡の中から、信仰と密接に関係する枡を公定枡として選択した可能性もある。また、近世の甲州枡は「判升《はんます》」とも呼ばれたが、それは枡屋小倉氏が製造した枡に、斎木《さいき》氏が製造した焼き印を押したことに由来する。すでに天文二十年七月に、武田氏が「判升」を採用していたことが明らかなので（『県内』七四八号）、公定枡の存在と、枡の作成と規格検査をへて焼き印を押すという工程の存在は間違いなかろうが、これが近世に連続する甲州枡であるかどうかは、なお検討の余地がある。なお小倉氏や斎木氏は、武田氏より細工奉公の見返りとして諸役免許特権を受けているが、残念ながら細工の内容は明らかでない（『県内』六八〜七三号、一三〇〜一三一号）。

### 戦国都市甲府とその特徴

武田氏の本拠地として栄えた甲府は、永正十六年（一五一九）十二月に、武田信虎が館を川田から移転させたことにはじまる。甲府には、武田氏の本拠地移転以前より、一条小山にあった時宗一蓮寺の門前町が展開しており、甲府はその後背地に当たる相川扇状地の広大な敷地を開発して成立した（秋山敬「一蓮寺門前町の成立」『武田氏研究』一九号）。これは既存の町場を前提とし、それを包摂しようとしたのであろう。

信虎による甲府造営は、計画性のもとで整備が進められたことが指摘されている。具体的には、甲府の北端、相川扇状地の扇頂部に、躑躅ヶ崎館《つつじがさきやかた》（武田氏館）を造営し、ここを中心に南北に縦断する主要街路が整備された。これは西から南小路（甲府の南部で一条小路に繋がる）、御崎《みさき》小路（南部で工小路となる）、広小路（南部で柳小路、さらに連雀小路となる）、鍛冶《かじ》小路（南部で城屋小路となる）、大泉寺小路（南部で紺屋小路となる）と呼称され、さらにこれらの主要街路を東西に横断する穴山小路をはじめとする街路も整備された。これらの街路は、所々で遠見を遮断するためのクランク（折れ曲った街路）が設けられており、防御面でも工夫がなされていたことがうかがわれる。

また他国から甲斐へと繋がる道は、すべて甲府へと収斂《しゅうれん》されたが、これらの諸街道と甲府との結節点ともなる、東西の出入口部分には、それぞれ八日市場と三日市場が開設された。八日市場は、天文五年（一五三六）、三日市場は大永六年（一五二六）にそれぞれ史料に登場するので、その創設はもっと早く、甲府の成立とほぼ同じころであろうと推定されている。このような都市プランは、館を中心に整然と区画された、条坊制のような街路と、都市の東西に市場を持つ構造から、京都を強く意識して整備されたことを示している。こうした都市プランを、武田氏が信虎時代から意図的に整備していることに注意すべきであろう（数野雅彦「中世城下町甲府の立地と都市プラン」『帝京大学山梨文化財研究所研究報告』三集他）。

武田氏は、館の周辺から城下町北半の地域に一族や家臣団の屋敷を設定し、商人・職人などは南側一帯に居住させるような身分制的な都市空間構成とし、一部鍛冶職人のみが家臣屋敷の所在地域と、商職人居住地域との境目（鍛冶小路）に集住していた。これを武家居住区と町人居住区との分離途上の形態を示すものか、それとも不徹底さを示すものかについては議論があるが、鍛冶職人は極めて軍事色の強い需要があることから、町人居住区から特に武家居住区に近いところに住まわされた可能性もあろう。

なお躑躅ヶ崎館は、信虎が建設した当初は、単廓《ひとえくるわ》の曲輪《くるわ》（後の東曲輪）だけであったが、天文二十一年（一五五二）に、信玄が息子義信の結婚決定を受けて、西に曲輪を増設したことが知られる（『高白斎記』）。その後、武田勝頼の新府城移転（天正九年）までに、

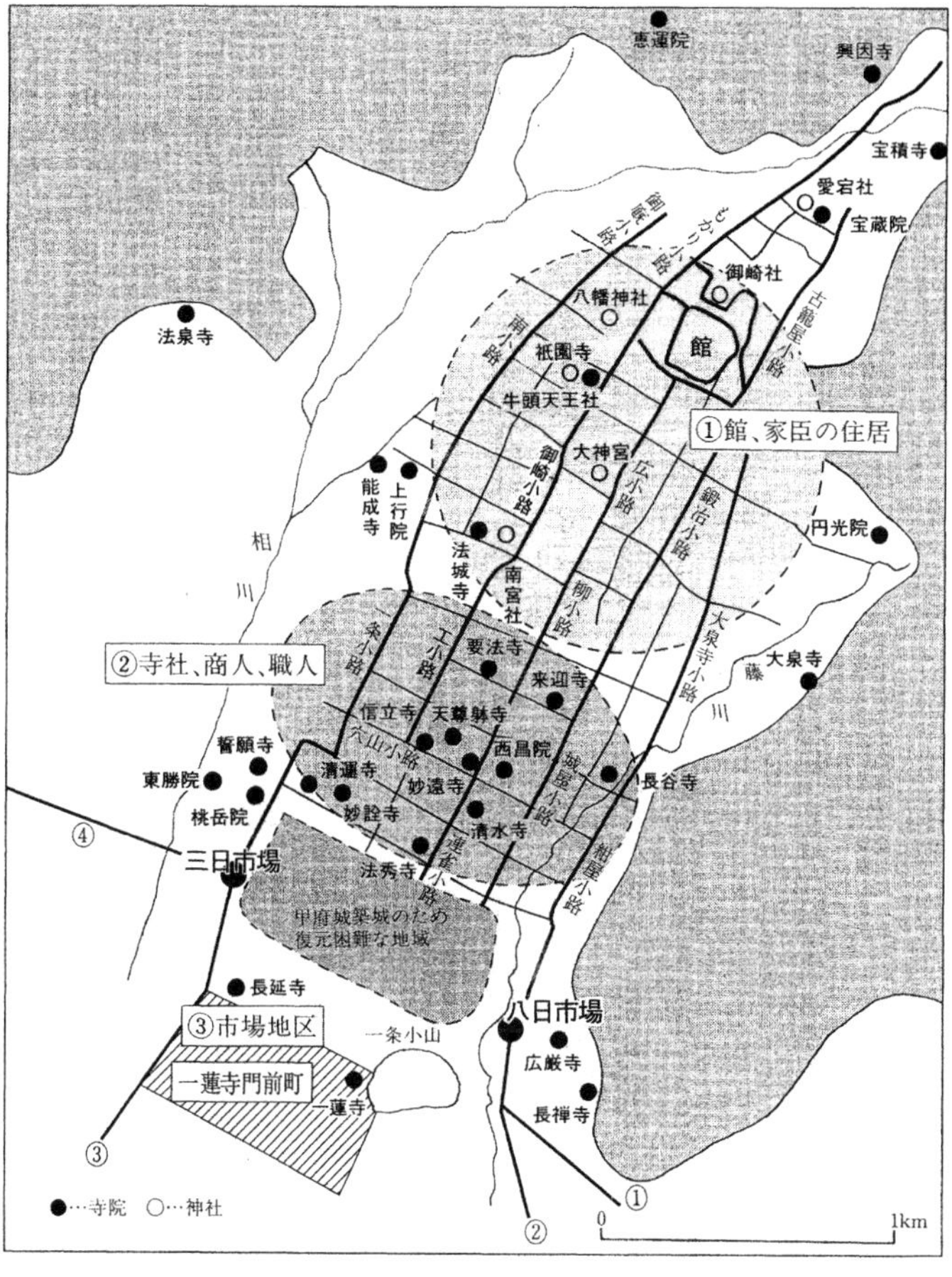


図13　戦国期の甲府城下町推定復原図

『甲府市史』通史編1巻（数野雅彦執筆），飯沼賢司「戦国期の都市“甲府”」（『甲府市史研究』2号），秋山敬「一蓮寺門前町の成立」（『武田氏研究』19号）をもとに作成.

①鎌倉道，秩父往還，若彦路，青梅街道，甲州街道に至る．②中道往還に至る．③河内路，駿信往還に至る．④佐久往還，棒道，穂坂路，逸見路に至る．

増設や改修が繰り返し行われていた。中でも、重要なのは、天文十二年の火災と、館の建物が焼失した後の復興の態様である。館を再建する際に、信玄は、「御主殿」（政務を執る場所、公式な接見や諸行事などに利用される）、「常の間」（信玄が日常生活を送る場所）、「会所」（酒肴の提供や連歌会など饗応に利用される場所）を建設している。この構造は、室町幕府三代将軍足利義満が造営した、幕府の御所（花の御所）を模倣したもので、武田氏は都市プランだけでなく、屋形にも京都を強く意識した設計を施したことをうかがわせる（数野「本拠を築く」『定本・武田信玄』）。

また躑躅ヶ崎館の周辺には、武田氏の氏神府中八幡神社のほか、諏訪南宮神社をはじめ、館の鬼門《きもん》で鎮守《ちんじゅ》である御崎社（館内に勧請《かんじょう》）・愛宕《あたご》神社（勝軍地蔵を安置、武田氏の武運を祈願）・牛頭天王《ごずてんのう》社（館の裏鬼門守護とともに疫病《えきびょう》退散の司る）などの神社を、また甲斐の当山派修験者《しゅげんじゃ》を統括し、牛頭天王社の別当寺を担う祇園《ぎおん》寺、愛宕神社の別当寺宝蔵院、国母〈上条〉地蔵を本尊とする法城寺などの主要寺院が配置された。さらに天尊躰寺《てんそんたいじ》・信立寺などの有力寺院は、町人居住区に建立された。

武家居住区には、武田信繁・信廉・一条信竜ら武田家御親類衆をはじめ、山県・土屋・原・小山田・板垣・跡部氏などの家臣団の屋敷が建ち並んでいた。ここには、親類衆や譜代、他国衆などの区別なく、その妻子は甲府の屋敷に居住していたことが、高野山に残されている武田氏や家臣たちの過去帳、日牌帳などから判明する（『山梨県史』県外記録編二三六〜二四〇号）。家族の甲府集住は、人質としての意味があった。武田氏が家臣の屋敷を甲府に建設させるのは、信虎の甲府移転と同時の永正十六年のことであり、これがきっかけで反乱が勃発している（『勝山記』他）。だが、信虎はこの反乱を鎮圧して、家臣の城下集住を推進していったものと見られる。そのため、武田氏の領国拡大にともなって、甲府には新たに従属した他国衆の屋敷も建てられたようで、信濃小笠原信貴、駿河富士信忠、遠江天野藤秀の子息が、甲府の屋敷に居住していることが確認できる。この結果、甲府は武田領国の首都として、多くの人間が集中する政治・消費都市として発達し、いきおい武田氏は甲府を基軸とする経済システムの安定化を目指して、様々な施策を採ることになる。

こうした都市甲府を支えていたのが、町人居住区である。ここには、八日市場・三日市場が存在し、この他にも柳町などの町が成立しており、「町中」「宿中」と呼ばれる町人衆による自治組織が結成されていた（平山「戦国期甲斐国の市・町・宿」『武田氏研究』七号）。武田氏は、町や宿に対して、人別改めを実施した後に、伝馬役をはじめとする役を賦課したが、甲府の各宿町の治安維持と火の用心などを徹底させるために、夜廻り番を命じている。これは、伝馬役と同じく家別賦課であるので、家持層が町人衆の中核であったことが知られる。夜廻り番が城下町全体で整備されるのは、天文二十一年のことで、十一月十六日に「宿ノ夜廻ノ番帳始テ来ル」とあるように、この時期までに、武田氏は「夜廻之番帳」の作成を行った（『高白斎記』）。さらに宿町の治安維持、失火への対策と過失責任、夜廻り番の責務などの細則を定めた法度は、弘治二年十月に制定され、八日市場の町人に通達されている（『県内』一三八号）。

これらは城下町の町人居住区の人口が増え、宿町が発展してきたことを示しており、それを示すように、天文十七年六月四日には「自今以後府中地下人の田畠に新屋敷立てさせられまじきのよし印形、小道の間の北の方に押させらるる」とある如く、武田氏は城下町の地下人が所持する田畠に、今後新屋敷の建設を禁じている（『高白斎記』）。これによれば、場所は不明であるけれども小道を境界に、北側をその適用範囲としているので、対象は北側一帯であり、甲府の北側一帯は、武家居住区であることから、これはその地域における居住制限を設けたものと推察される。こうした制限を設けたのは、武家居住区が武田氏の家臣団統制などと密接に関わるためであろう。

さて、甲府の宿町には、多くの商人・職人が居住していたことが知られているが、特に商人たちは、座を組織し、仕入れや販売の円滑化を進めていた。甲府には、一六の座があったことが知られているが、甲斐国内の交通の要所にも地方座が点在しており、これらは甲府の座の統制下に置かれていたと推定されている。現在判明するのは、米座・塩座・

麴《こうじ》座・紺座などであり、武田氏はそこから商売役である座役を徴収していた。こうした座の存在は、甲斐で商人・職人が活動するためには、座に所属しなければならなかったことをうかがわせ、武田氏は座役納入を通じて、座の活動を容認し、それを通じて商人・職人の統制を図ったのである。その中核を担ったのは、坂田氏・田村氏をはじめとする特権商人・職人たちであり、武田氏より諸商売役の免許特権を受け、商人頭や職人頭として、甲斐国内の商職人を統制していた。

こうして武田氏は、本拠地甲府を領国の中核として整備することで、政治・経済システムの求心化を果たしたのである。同様のことは、武田信玄が晩年に領国とした駿河でもいえることで、駿府では松木・友野氏らを中核とする駿府商人衆が、駿河国内の商人を統括していたことはよく知られており、武田領国の経済は、各地方都市や寺社の門前町などが相互に密接な関係を保ちつつ、甲府を中心に展開していたのである。

なお、武田時代の駿府や深志、諏訪、善光寺門前町などの地方都市の発展なども注意すべきであるが、その実態は今後の研究に待つところが多い。

# 家臣団編成と軍制

# 家臣団編成と兵力

**甲陽軍鑑による類型**

武田信玄の家臣団については、著名なわりには史料が乏しく、全体像は明らかになっていない。隣国の北条氏であれば、永禄二年に作成された『北条氏所領役帳《ほうじょうししょりょうやくちょう》』が残されているので、家臣の名前や所属する衆のほか、所領の郷村をはじめ、貫高《かんだか》まで把握することができる。また上杉謙信も、天正三年（一五七五）作成の『上杉氏軍役帳《うえすぎしぐんやくちょう》』が存在しており、家臣団と軍制の基礎史料として利用されている。ところが武田氏の場合は、そうした基本的な史料が欠落してしまっているため、虚説入り交じった家臣たちの実態を明らかにすることは難しい。

しかし、まったく手がかりがないわけではない。武田信玄・勝頼の事績を知るさいに、手がかりの一つとしてよく使用される史料に、『甲陽軍鑑』がある。かつて、田中義成博士がその史料的価値を否定して以来、長く評価がふるわなかったものであるが、近年、酒井憲二氏の詳細な国語学の立場からの研究によって、問題点はあるにせよ、戦国末期にその原型が成立したことはほぼ間違いないとされるようになった（酒井憲二編著『甲陽軍鑑大成』研究編）。この『軍鑑』の品第一七、巻八に「武田《たけだ》法性《ほっしょう》院《いん》信玄《しんげん》公《こう》御代《みよ》惣人数《そうにんずう》之《の》事《こと》」（以下、「惣人数」で統一）という表題を持つ、家臣団の書き上げがある。この「惣人数」には、武田信玄に仕えた一族と家臣が、一部には重複も見られるものの、その家格や職制に応じて書き上げられている。

それによれば、武田家臣団は、①御親類衆、②御譜代家老衆、③先方衆（他国衆、武田氏に降伏し、家臣となった有力国衆のこと）、④海賊衆、⑤旗本・足軽大将衆、⑥諸役人・奉行衆によって構成されていた。これを図14に示す。

『軍鑑』の「惣人数」は、①から⑥の構成で、総計二九八人が記載されているが、この中には、たとえば甲斐の武川《むかわ》衆・九一色《くいっしき》衆・津金《つがね》衆・御岳衆などのような、「生島足島《いくしまたるしま》神社起請文」（永禄十年〈一五六七〉）や「天正壬午《てんしょうじんご》起請文」（天正十年〈一五八二〉）に登場する土豪の連合体などは含まれていない。そのため、必ずしも武田家臣の全貌を伝えるものではないことは明らかであるが、それでもおおよその全体像をつかむことはできよう。

ところで、この「惣人数」がいったいいつごろの武田家臣団の様子を記したものなので

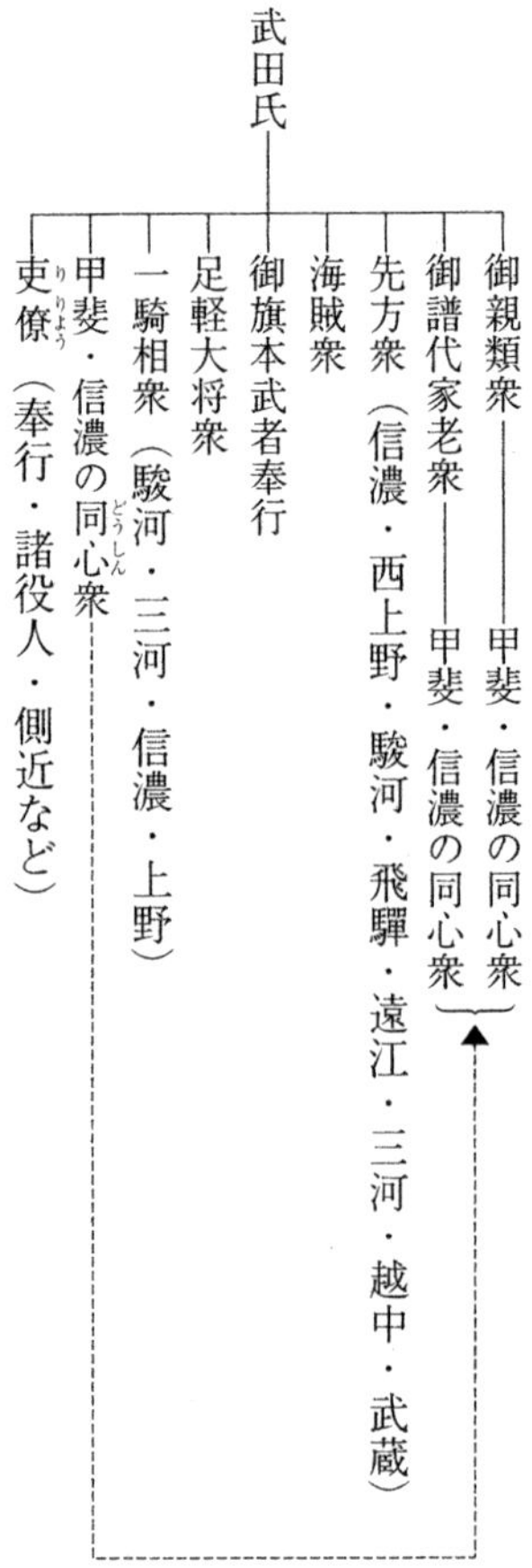

図14　武田家臣団の機構図

あろうか。この点については、おおよその傾向しかつかみえない。たとえば、御親類衆に松尾信是《まつおのぶこれ》が登録されていないのは、元亀二年（一五七一）三月没によるのであろうが、ところが御譜代《ふだい》家老衆に浅利信種《あさりのぶたね》（永禄十二年〈一五六九〉十月三増峠合戦で戦死）や、三河国衆奥平・菅沼氏ら山家三方衆（元亀二年に従属）などが登録されており、必ずしも厳密な一時期の姿というわけではなく、永禄十二年から元亀四年ごろまでの、武田信玄の晩年の家臣団を表現したものと推察される（小林計一郎「『甲陽軍鑑』の武田家臣団編成表について」『日本歴史』二〇六号、一九六五年）。

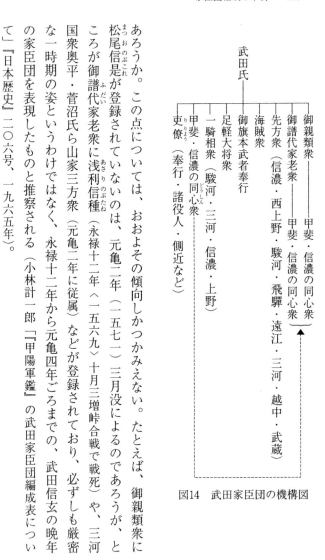

## 寄親・寄子制

武田氏は、御親類衆と御譜代家老衆を寄親《よりおや》（戦国大名軍隊の上級指揮権者を指す）とし、そこに従属した先方衆を相備衆《あいぞなえしゅう》（組衆、寄子《よりこ》ともいう。合戦の際に寄親と同陣し、一手衆を編制する）として預け、その軍事指揮下に置く、いわゆる寄親・寄子制を採用していた。だが、御親類衆のうち、小山田信有・穴山信君・木曾義昌は先方衆を相備衆として配備されず、自身の家臣たちによって独自の一手衆を構成した。また御親類衆のうち、先方衆を相備衆として指揮下に配備されていたのは、武田信廉（信玄の弟逍遙軒《しょうようけん》信綱、上野国大戸浦野氏・信濃国会田海野氏など五氏）、一条信竜《いちじょうのぶたつ》（信玄の異母弟、信濃国与良《よら》氏・青柳氏・大津氏の三氏）のみである。

また御譜代家老衆では、山県昌景《やまがたまさかげ》（遠江・三河方面軍、駿河・遠江・三河衆と信濃衆のうちより一一氏）、内藤昌秀《ないとうまさひで》（関東方面軍、上野国のうちより七氏）、馬場信春《ばばのぶはる》（飛驒・越中方面軍、飛驒・越中・駿河衆のうちより六氏）、春日虎綱《かすがとらつな》（信越方面軍、信濃川中島衆と甲斐衆のうちより一七氏）、土屋昌続《つちやまさつぐ》（信濃衆のうちより七氏）が他国衆を相備衆として、信玄より預けられていた。また先方衆の中でも、芦田《あしだ》（依田《よだ》）信守《のぶもり》のみは信濃衆丸子・武石氏を相備衆として預かった。このように、御親類衆や譜代家老衆の中にも、地位の差があったようである。

それでは、これ以外の御親類衆、御譜代家老衆や先方衆は、どのように扱われていたのだろうか。これまで登場してこなかった、跡部勝資《あとべかつすけ》・原昌胤《はらまさたね》・武田信実《たけだのぶざね》・禰津常安《ねづじょうあん》らは「組頭にても組子にてもなき衆」として一括して記載され、脇備・後備・城の番手、先手など武田軍の事情に応じて編制されるとの注記がしてあることから、いわゆる遊軍《ゆうぐん》（浮衆《うき》、浮勢ともいう）として信玄の指揮下に所属していたことがわかる。

最後に武田氏の兵力について紹介しよう。「惣人数」によれば、武田軍の兵力にはいくつかの編制方法による相違があったという。

「惣人数」に記載される騎馬数の総計九一二一騎、これが雑兵五人連れの場合には、四万五六五〇人とある（実際には四万五六〇五人）。これに御旗本足軽八八四人、惣家中の足軽五四八九人の小計六三七三人を加えると、惣人数は五万二〇二三人となる。そして半役のさいには、二万六〇一一人の動員であった。この他に、四人連れの場合は、四万二八五〇人、三人連れの場合には、三万三七三六人であったという。これがどこまで事実かはわからないが、武田軍の兵力は最大五万二千余、最小でも三万三千余であったとされる。

# 軍役衆の動員

## 奉公の申請

武田信玄が、領国下の郷村の人々を、下級家臣（軍役衆、御家人衆）としていかにして確保したかについて述べよう。戦国大名が軍事力を強化するためには、御親類衆・譜代家老衆をはじめ、本国や他国の国衆ら有力家臣とその被官たちをできるだけ多く動員することはもちろんであるが、郷村から軍役負担者である軍役衆を大量に動員、確保することが不可欠であった。彼らは戦国大名から直接知行や諸役免許の特権などを与えられ、その下級家臣として位置づけられ、戦国大名の有力家臣（寄親）に寄子・同心衆として預けられた。こうした郷村からの軍役衆をいかに動員するかは、武田氏にとって極めて重要な政策課題であったが、それは決して容易なことではなかった。

戦国大名が、郷村社会を兵力の重要な供給源と認識し重視したのは、当時の郷村社会が地下人層を中核に武装した自力の集団であり、それゆえに多くが武器の使用に精通し、中には武勇を誇る者も少なくなかったからである。武田氏は、領国下の郷村には、地頭の被官になった者たちの他にも、「武勇人」や「有徳人」が相当数存在することを十分認識していた（『県外』二五・六六・一五二二号他）。問題なのは、こうした人々を如何にして軍役負担者として参陣させるかであり、それは戦国大名が共通して抱える課題であった。

それでも、郷村に滞留する武士や有力百姓たちの中には、自発的に武器を支度して戦争に参加することを申請してくる者も多かった。次の甲斐衆若尾《わかお》縫殿《ぬい》右衛門《えもん》の事例は、その典型である（『戦武』三七八号）。

□（「晴信」朱印影）

弓を持ちて陣参《じんさん》せしむべきの旨、言上《ごんじょう》いたすについて、家壱棟別役免許せしむるところなり、仍《よ》ってくだんのごとし

天文廿二癸丑年七月八日

若尾縫殿右衛門

若尾はあらかじめ弓を用意しており、そのうえで武田氏に陣参するとの申請をして了承され、その代わりに棟別役を給分として免許されたのである。弓は特別な鍛錬《たんれん》を必要とする武器であるから、若尾は陣参を決意する以前より、弓の使用に習熟していたのであろう。

このような事例は、武田氏が勢力を拡大するにつれて増えていく。これは「別して奉公いたすべきの旨言上について」という文言で表記される文書が多数見いだされることによるが、彼らが武田氏に奉公の申請を行ったのは、自らの所領の安堵や、諸役免許特権の獲得を望んだためである。その対価として、武田氏は彼らに軍役をはじめとする諸々の負担を命じたのであった。

### 陣参への強制と下知

武田氏は郷村より軍役衆を募り、その自発的な申請を促したものの、それにも限界があった。自らが申請して、陣参する者たちが出尽くすと、その後につづく者たちをどのようにして陣参させるか。武田信玄は、そのための方策をさまざまなかたちで試みている。

信玄が行った軍事動員を目的にした政策の中で、最もドラスティックなものは、天文十八年（一五四九）・同二十年（一五五一）・同二十二年（一五五三）の三回にわたって領国へ賦課した過料銭《かりようせん》である。ではこの過料銭とは、何の目的で賦課されたものであったか。それを記す当時の記録をみてみよう（『勝山記』『妙法寺記』）。

此年霜月武田殿・小山田殿談合なされ候て、地下に悉《ことごと》く過料銭を御懸《おかけ》け候、殊更寺々、禰宜《ねぎ》、如何様なる者にもおしなべて御懸け候、さるほどに地下《じげ》衆嘆くこと限りなし

（天文十八年条）

これによれば、信玄は郡内領主小山田弥三郎信有と協議をしたうえで、都留郡に過料銭を一斉に賦課した。これには、僧侶や禰宜なども免除の対象にはならず、民衆はかなり迷惑をしたらしい。つづいて、天文二十年にも次のように記されている。

此年《このとし》までも信州と当国の取り合い止まず、（中略）此年地下衆へ過料銭を御懸《おかけ》け候、なかなか地下衆の難儀申す計りなく候、皆々ところをあけ候

武田氏はこの年も信濃への侵攻を継続し、さらに地下衆に過料銭を再び賦課した。このため地下衆は負担に耐えかねて、逃散《ちょうさん》するものが続出したという。さらに武田氏は、天文二十二年にも過料銭を賦課している。そして、この過料銭賦課の意図が、この年の記述によってはっきりするのである。

此年出家・禰宜衆、地下衆の主持《あるじも》ち申さず候者に過料銭を懸け候て、皆々嘆き申し候こと言説に及ばず

武田信玄は、過料銭をすべての人々に賦課したが、その目的は主を持たぬ者たち、つまり武田氏やその家臣と被官関係を結んでいる軍役衆へは賦課せず、そうでない者たちを対象にしたのであり、これはそのまま主持ち（被官化＝軍役衆化）を拒否して負担をつづけるか、それとも主持ち（軍役衆）となって参陣するかを迫ったものであった。この過料銭は、それ以前の記録には登場しない新税であり、これが賦課されたのは、上田原の敗戦

（天文十七年）と砥石《といし》崩れ（天文十九年〈一五五〇〉）の二度の敗戦を挟む、武田信玄にとって信濃侵攻戦が最も苦しく厳しい時期に当たっていた。信玄は、軍事的な行き詰まりを見せはじめた信濃侵略を乗り切るために、軍事費の補塡と軍役衆の増加と確保を図るべく賦課したのであろう。

そしてその新税を、「過料銭」と呼称したのは、武田氏の軍役に対する意識を物語っている。過料とはもともと過失に対して課される罰金であるが、陣参しない者をその対象にしたのは、武田氏への軍役を勤めないのは、罰則の対象に値すると認識していたからに他ならない。だが、これは民衆の抵抗を引き起こさずにはいなかった。天文二十年の過料銭賦課のさいには、郷村を捨てて欠落《かけおち》するものが続出したとあり、これは武田信虎時代の『勝山記』『妙法寺記』にも見られなかった事態である。それほど信玄の過料銭賦課は、郷村の人々にとって極めて苛酷な負担であったことがうかがわれる。ところが、この時期を過ぎると『勝山記』『妙法寺記』から、苛酷な軍役や諸役負担に喘ぐ人々の記事は姿を消し、記事の内容も災害や景気の動向をはじめ、武田氏の信濃侵略も川中島の戦いなどが有利に展開しているといった記述に終始するようになり、信玄への批判的な内容は影を潜めていく。これはちょうど武田氏の信濃侵略戦が、上田原の戦いや砥石崩れの敗戦による危機的状況を克服し、北信濃へ一挙に領国が拡大した時期と対応している。つまり、信玄は、過料銭賦課という強権を発動することで、甲斐の民衆の抵抗を引き起こしながらも、軍事費確保と軍役衆掘り起こしを実現し、軍事的危機を乗り切ったわけである。

その後、信玄が繰り返し実施したのは、諸役免許などの特権附与の代わりに陣参するように領国各地に対して通達（「御下知」）したことである。その「御下知」の内容を具体的に示す史料は残されていないが、下知に応じて陣参に応じた新軍役衆に与えた朱印状《しゅいんじょう》などによれば、「御下知」に盛り込まれていた特権とは、①春秋の棟別銭を免除する、②御普請役を免除する、③今後隠田《おんでん》などがあってもそれを課税の対象にしない（検地《けんち》免除、事実上の給与）などが骨子《こつし》であった。

ただし、時期によって、武田氏による軍役衆への特権措置には変動が認められる。永禄三年（一五六〇）二月二十九日に、甲斐国鰍沢《かじかさわ》の孫右衛門は、御小者としての奉公と忠節により、棟別役の御普請役が免許された。これを指示した武田家朱印状と奉行人跡部《あとべ》長与《ながとも》証文によれば、免許されたのは御普請役のみであり、しかも免許期間は永代ということが通達されていた。これらの文書からは、孫右衛門が免許されたのは、棟別役のうちの御普請役のみであり、棟別銭はもちろん、後年の隠田免許などの特権措置は認められない（『戦武』六八八・六八九号）。

ところが永禄十年（一五六七）八月の「御下知」に対応する免許特権の内容について、

武田氏は奉行人衆を通じて次のように郷村に通達していた（『戦武』一一八七号）。

一、今度御下知に応じ弓箭《きゆうせん》を帯びて罷《まか》り出《いで》候とも、向後かくのごとく召し使われまじきこと

一、奉公の模様により御普請役御免許のこと

一、武具等を嗜《たしな》み候わば、棟別役永代御免許のこと、以上

卯（永禄十年）

八月十二日

攀桂斎《はんけいさい》（跡部）

祖慶《そけい》　朱印

工藤源左衛門尉

昌秀　朱印

跡部美作守

勝忠　朱印

甘利左衛門尉

信忠　朱印

鮎沢郷

この武田家奉行人連署証文について、永禄十年（一五六七）八月に各郷村に通達されたた武田信玄の「御下知」とはあくまで臨時動員を意味し、これを今後常時動員するための慣

例としないことを奉行衆が再度通達したものである。そして注目されるのは、御普請役とは奉公の内容に応じて免許すべきものであり、最初から免許特権が約束されていたわけではなかったことである。また棟別役の永代免許も同様に、陣参するさいに本人がどのような武具を調えたかという武装内容に対応してのものであって、最初から免許が約束されていたわけではなかった。これは、前記の御小者孫右衛門の特権と共通する内容である。孫右衛門も、最初から棟別役の御普請役が免除されていたわけではなく、奉公の内容がよく忠節と認定されたがゆえの措置であった。

ところが武田信玄は、軍役衆を大量に確保するためにも、特権措置の大幅な見直しに踏み切った。その史料を以下に示そう。

（A）武田家朱印状（『戦武』一六四三号）

定

今度御下知に応じ、参陣の輩においては、何の被官なりとも御普請役御免許なされおわんぬ、然《しか》りて武具以下の体により相当の御恩を宛行《あてが》わるるべきものなり、仍《よ》ってくだんのごとし

元亀二年辛未

正月十一日（龍朱印）

土屋右衛門尉（昌続）

奉之

追而《おって》累年軍役を勤める人の外なり

信州下伊那宿々

大小人

（B）武田家朱印状（『戦武』一六四五号）

定

一、御分国諸商い一月に馬一疋の分、役等御免許のこと

一、本棟別一間の分、御赦免のこと

一、向後抱え来たり候田地、軍役衆のごとく検使を停めらるるのこと

一、郷次の人足普請、禁じらるるのこと

以上

今度深沢の城において別して奉公致し候間、御褒美を加えらるるものなり、仍ってくだんのごとし

元亀二年辛未

正月十一日（龍朱印）

山県三郎兵衛尉（昌景）奉之

田辺四郎左衛門尉

（C）武田家朱印状（『戦武』一六八〇号）

(龍朱印)(元亀二年)
○辛未歳より両棟別ともに御赦免、然りて普請役・隠田等のこと、軍役衆同前たるべきの旨、御下知に候の間、その旨を存じ厳重に陣参せしむべし、御扶持はこの間のごとく下されるべきものなり、仍ってくだんのごとし

元亀二年辛未
三月廿六日

山県三郎兵衛尉(昌景)
原隼人佑(昌胤)奉之

湯平之郷
又三郎

まずはじめに（A）であるが、武田氏はこれまでも陣参していた軍役衆のほかに、在地社会に滞留している潜在的な武力を掘り起こし、軍事動員するために、陣参するようにとの「御下知」に応じれば、その時点で御普請役は免許すると述べた。そして支度した武具の内容によっては、相当の御恩を与えると明示した。これは永禄十年（一五六七）八月の「御下知」とは明確に相違する。そこでは御普請役は、陣参した後の奉公の様子をみて判断されるべき特権措置であった。つまり、場合によっては御普請役免許は与えられない可能性もあったわけである。しかし元亀二年（一五七一）正月の「御下知」は、それを見直し、軍役動員に応じさえすれば、最初から免許特権を与えるとしたのであった。

つづいて（B）は、金山衆田辺四郎左衛門尉に対して特権措置を明記した文書であり、同文の文書が大量に金山衆に発給されている。ところでこの文書は、武田氏が軍事動員のために与えたものではなく、信玄が北条綱成らの籠城する駿河国深沢城を包囲、攻撃したさいに、金山衆を動員して城の外張《とばり》を掘り崩したため、城方は抵抗を諦めて降伏、開城したことを褒賞してのものである。つまりこの諸特権は、動員に応じて奉公した実績が評価されて与えられたものであり、それが結果的には軍役衆同様の内容になったのである。金山衆が当初どのような特権措置を受けて、深沢城攻撃に動員されたのかは定かでないが、何らかの約束があったとみるべきであろう。おそらく、御普請役免許措置ではなかろうか。

ところが、最後の（C）は、永禄十年八月や（A）の「御下知」よりもさらに踏み込んで、春秋の棟別銭をはじめ、普請役のほかに、（B）の褒美《ほうび》にも盛り込まれた特権である隠田免許（検地免許）をも提示したものである。武田氏は、これまでのように、「御下知」に応じて陣参してきた際の武装内容や、戦場での活躍の程度に応じて、事後措置として免許特権を与えるとしていた原則をいっそう緩和させ、最初から陣参する者たちに軍役衆同前の特権を与えることとしたのである。

この文書は、同日付で大量に発給されており、元亀二年三月の「御下知」に応じて、陣参を決意した新軍役衆がかなりの数に上ったことを推測させる。元亀二年は、武田信玄が北条氏康・氏政父子を攻めるために駿河へ、また徳川家康の領国三河・遠江へと目まぐるしく転戦した時期にあたり、信玄はこの合戦に勝ち抜くためにも軍役衆の大量確保をぜひとも必要としていた。そのためには、従来のような、信玄の「御下知」に応じて参陣してきた者に、用意した武具の内容や、戦場での活躍を見てから特権措置を「褒美」「相当の御恩」として与えるという原則を大幅に緩和する必要があったのである。この緩和措置を梃子《てこ》に、軍役衆としての資質や能力がありながら、動員にこれまで応じずに、郷村に留まっていた「武勇人」「有徳人」らの掘り起こしを、武田氏は意図したのであろう。そしてこの方法が、以後武田氏の在地社会に対する軍事動員の原則として確立していくのである。

# 知行制と軍役

## 知行と貫高

武田氏は家臣（地頭）に対して、所領安堵や新恩宛行を行い、その所領の規模に応じて知行役（軍役をはじめとする負担の総称）を賦課したが、家臣たちの所領の規模は貫高《かんだか》で把握されていた。この貫高とは、地頭層が所領から収取する年貢・諸公事をはじめ、雑多な得分を、室町期を通じて進行した年貢の代銭納などにより形成された貫文《かんもん》（銭貨）表示をもとに、戦国大名が一元的に把握しなおしたものである。

武田氏をはじめとする戦国大名は、貫高を厳密に把握すべく、検地などの所領調査を実施し、年貢・諸公事などのすべてを、貨幣価値という抽象的ながらも普遍性を持つ価値基準で把握することを目指した。この結果成立した貫高制は、地頭層の領主としての支配（在地支配）と、大名権力によるその安堵および大名の知行役賦課を同時に実現する基準として機能し、それ以前の貫高とは明確に相違する、戦国大名の採用した独自の支配制度である。

武田氏は、検地などによって地頭層の所領を調査して、所領ごとに年貢《ねんぐ》、公事《くじ》、雑多な免田《めんでん》や得分などの総計、つまり所領全体の貫高である「田畠高辻《たかつじ》」（「上司《じょうし》」「上務《じょうむ》」「面付《おもてつけ》」とも呼称される）を把握し、さらに雑多な免田をはじめとする諸控除分を差し引いた年貢収納高（「定納《じょうのう》」、「定所務」とも呼称される）を把握したとされる。しかし、武田氏が領国各地で検地を詳細に実施したことは、実証されておらず、実際にはどのようにして、家臣たちの所領貫高を把握していったかについては、ほとんど明らかになっていない。

武田氏が地頭層の所領を、「高辻」（所領貫高）と「定納」（年貢高）の二元性を定めて把握していたことを示す最も古い事例は、天文二十一年（一五五二）九月二十八日付の諏訪来迎寺《らいごうじ》宛長坂虎房《ながさかとらふさ》証文写である。長坂虎房は、諏訪上原城（後に高島城）の城代であるが、彼が来迎寺に安堵した寺領証文において「来迎寺々領定納八貫五百文之所、種々申成進置候」と記している。ここから、「定納」に対応する「高辻」が成立していたことは間違いなく、武田氏はかなり早くから貫高表示にもとづく知行制の確立に尽力していたことがうかがわれる。だがこれは必ずしも、武田氏が検地を順次実施していった結果を示すものではない。武田氏が検地を実施したことが知られる事例は、かなり下って、弘治三年（一五五七）七月二十三日に、信濃国衆でもと村上義清家臣の大須賀久兵衛尉にたいし、直轄領から重恩地を与えるために、検使を派遣し、その上で検使より渡すようにするとあるのが初見である（『戦武』五七二号）。だがこの事例は、大須賀氏に与える重恩地を確定するために、武田氏が検使を派遣した（検地を実施した）というもので、国衆の所領そのものに対して検地を実施したというものではない。

しかも武田氏の実施した検地のうち、検地帳の作成をともなった事例は数少なく、著名な甲斐国恵林寺領、信濃国諏訪神長官領、同佐久郡上原筑前守恩地などが見られるのみで、その他には寺領の指出などが若干知られている程度である。つまり武田氏が、個別の国衆領や領国の広域に及ぶ検地を実施したことを示す痕跡は認められない。領国の広域に及ぶ検地は、新たに占領した西上野や駿河で実施したことが確認されるのみであるが、これも検地帳作成を目的としたものではなく、新たに従属した駿河衆や西上野衆への所領宛行や安堵のほか、それぞれの地域の要衝（上野国箕輪城など）へ在城衆として派遣されることが決定された、信濃衆などのために、新たな知行地を確定すべく実施されたもので、実際には検地というよりも知行改めという性格が強い。

従来では、「恵林寺領検地帳」をもって武田氏検地の一般例のように扱い、それが領国全域の検地方法と認識されているようであるが、これは正確ではない。むしろ恵林寺領の検地そのものが、武田領国では異例ともいえる厳密な検地なのである。これは、恵林寺が寺院であることや、武田信玄が自らの「牌所《はいしょ》」（菩提寺）と定めたことを契機に、寺領安堵と寄進のため厳密な調査を必要とするという名目の上でなされたのである。だから、他に同様の事例を見いだせないのは、恵林寺領検地が上記のような特別の事情により実施された検地であったからに他ならない。

それでは、武田氏はどのようにして地頭層の所領貫高を把握していったのであろうか。武田氏は、信濃侵攻の過程で、従属を申し出てきた国衆や武士に対して、出仕のさいに「誓詞」「誓句」（起請文）の提出を求めている（『高白斎記』）。この起請文の内容は定かではないが、単なる臣従化と忠誠を誓うというだけではなかったのでないかと考えられる。その内容は、武田氏への従属を誓約する地頭層からの、本領や当知行などの自己申告をともなっていたのではないだろうか。そうでなければ、地頭層は武田氏より臣従に伴なって安堵状を発給してもらい、自己の領主権を保持、強化することができないはずである。武田氏が地頭層の所領の内実を把握する契機は、まずは彼らの従属時にあったと思われる。後の事例であるが、武田氏は信濃国衆に対して、起請文の提出を求め、彼らの所領貫高を厳密に申告するよう指示した事実が存在する（『県外』一六一一号）。

一、某《それがし》知行の定納ならびに上司等、聊《いささ》かも隠れ無く正路《せいろ》に言上いたすべきのこと

一、下し置かるる領知、近郷について、他郷を引き込み、領分たるの由、申し掠むべからざるのこと

一、根本《こんぽん》の忠否《ちゅうひ》、また先御代に仰せ出され、宛行わるる知行等、毛頭隠《もうとうかく》れなく言上せしむべく候のこと

一、書付を以て申し上げ候外、訴人言上ありて、私曲歴然たれば、知行の分ことごとく召し上げられ候とも、全く御恨を存ずべからざるのこと

付、知行の定納・上司以下、私曲人《しきょくじん》を承わらば、速やかに披露いたすべきのこと

右条々偽り候わば、梵天《ぼんてん》・帝釈《たいしゃく》・四大天王《しだいてんのう》・八幡大菩薩《はちまんだいぼさつ》・飯縄《いいづな》・戸隠《とがくし》・熊野《くまの》三所大権現《さんしょだいごんげん》・箱根伊豆両所権現《はこねいずりょうしょごんげん》・三嶋大明神《みしまだいみょうじん》・冨士浅間大菩薩《ふじあさまだいぼさつ》・諏方上下《すわじょうげ》大明神《だいみょうじん》、別して甲州一二三大明神《いちにさんだいみょうじん》・御岳蔵王権現《みたけざおうごんげん》・天満大自在天神《てんまんだいじざいてんじん》の御罰を蒙り、今生に於いては、黒白の二病を受け、来世に於いては阿鼻無間地獄に堕在致すべきものなり、仍って起請文件のごとし

天正六年戊寅七月十三日

今井新左衛門尉殿

武藤三河守殿

この起請文は、信濃国の一向衆僧侶勝善寺順西《しょうぜんじじゅんせい》が、武田勝頼奉行衆に提出した起請文案である。この起請文を提出した六日後の天正六年（一五七八）七月十九日付で、勝善寺順西は勝善寺領の「本領」と「合津分」の上司三六貫文と、定納五七俵などを詳細に記して武田家奉行衆今井信衡・武藤三河守に提出している。そしてそれにもとづき、武田氏は八月二十三日に勝善寺順西に対して、長柄一本を負担して参陣するよう命じた軍役定書を発給している（『県史』一六一一～一三号）。この起請文によれば、武田氏の意図は、地頭勝善寺順西の所領の上司と定納の厳密な把握であり、そのためにも所領の規模や範囲を正確に申告させることが必要であった。だからこそ所領改めにさいして、近隣の郷村を自分の所領と偽って申告したり、さらに所領の意図的な隠匿《いんとく》が厳禁とされたのである。もちろん、上司と定納の意図的な申告逃れも厳禁され、違反者には知行没収という厳しい制裁措置が加えられた。ここから、武田氏による地頭層の所領貫高把握の方法は、彼らより起請文提出をともなう上司と定納の申告であったことがわかる。実は、同様の事例を他の戦国大名でも確認することができ、上杉謙信もほぼ同様の方法で、家臣団の所領貫高を把握しようとしていた（『上越市史』別編1―一二〇六号）。

敬白起請文

右意趣は、今度当郡御鑓《おんやり》御せんさくに付いて、吾等《われら》私《し》領所納《りょうしょのう》の義、少もわたくしな

く御日記にしるし、さし上げ申し候事

一、御くんやく《(軍役)》の義、ならびにようがひ《(要害)》ふしん《(普請)》以下、少も御うしろくら《(後闇)》くなくこれを致すべき事

一、玖介にたいし、何事に於いても御諚に任せ走り廻るべく候事

もし此の旨偽り申すに於いては、府内六所ごんげん・弥彦大明神・二田大菩薩・蔵王ごんげん、別してすもん《(守門)》大明神、惣じて日本国中大小の神祇の御はつ《(罰)》を蒙るべきものなり、仍っての件のごとし

永禄三年　　　　　　　渡辺将監

　五月九日　　　　　　　綱（花押・血判）

　　　　　　　　　　大関平次右衛門尉

　　　　　　　　　　　実憲（花押・血判）

本庄《ほんじょう》玖介《きゅうすけ》殿

宇野《うの》左馬允《さまのじょう》殿　　　　（以下五名略）

　御中

この起請文は、越後国古志郡栃尾衆の渡辺・大関氏らが、栃尾城主本庄秀綱の奉行本庄玖介・宇野左馬允に対して提出したものである。これが作成されたのは、古志郡でいっせいに御鑓改めが実施されたことをきっかけにしており、そのさいに渡辺氏ら栃尾衆は、所

領の内実を「日記」に認めて提出することが義務づけられた。その上で、軍役や要害(城)普請を勤めることや、本庄氏の指示通りに動くことなどが誓約させられている。この調査が、越後国内の他の郡でも実施されたかは定かでないが、郡毎の調査であることから、これは上杉謙信の指示によるものと推定され、起請文を媒介に所領貫高を掌握し、それと軍役や普請役賦課を連動させようとの意図がうかがえる。

武田氏は、信濃侵攻によって領国と従属する勢力が増えるにつれて、知行改めを行い、起請文による指出という方法を採りながら、その所領貫高(高辻・面付・上司)と年貢高(定納)の把握を進めていったものと思われる。そして、天文十八年(一五四九)十月二十日に、信玄は甲斐・信濃衆の所領貫高(面付)の確定と、それにもとづく諸役賦課の実施を決定した(『高白斎記』)。そのさいに、重臣層がその決定に同意していることから、信玄にとっては甲斐・信濃衆の所領貫高の確定と、それを基準とした諸役(知行役)賦課に踏み切るにあたっては、重臣らの同意と協力なくしては困難であったことがうかがわれる。この措置は、天文十七年の上田原敗戦にともなう、信濃国佐久郡の反武田派国衆の反撃を鎮圧した直後に実施されており、これは甲斐と信濃のうち諏訪・伊那・佐久郡の領国を確定させるために採用されたものと考えられる。そして、所領貫高(面付)の決定は、武田氏が「武田氏所領役帳」の作成を行っていたことを暗示している。

だが、このような所領貫高掌握の方法には、当然のことながら大きな限界があった。それは地頭層より起請文を媒介しているとはいえ、武田氏のもとにもたらされる所領の内容の実態は、あくまで彼らの申告に委ねることにかわりはなく、そのため現実と指出の内容との乖離《かいり》がつねに課題としてつきまとっていた。それは正確な申告（指出）を忌避しようとする地頭層と、正確な把握を目指そうとする武田氏とのせめぎあいがつづくことに他ならない。

武田氏が採用した貫高が、所領貫高（面付）と、定納貫高（年貢高）の二重構造であることは既述の通りであるが、これこそが武田氏と地頭層とのせめぎあいの集中的表現であろう。把握された所領貫高（面付）に対して、定納貫高をできるだけ近づけようとする武田氏と、遠ざけようとする（負担を軽くすべく諸々の控除分を多く認めさせようとする）地頭層との駆け引きが、武田氏滅亡までつづくのである。実際に、天正六年（一五七八）七月に武田氏に知行書立を認めて提出した、信濃国衆島津泰忠《しまづやすただ》の所領の内容は、武田氏に与えられた新御恩の三ヵ所の郷村と、本領である島津領のうち、西尾張辺《にしおわりべ》（上司一〇〇貫文、定納一〇二俵一斗）を除いて、他の本領はすべて「右之地一切荒所」と記されている。この指出の内容をそのまま信じるか、否定するか、いずれにせよ決め手に欠けるが、それにしても本領のほとんどが荒れ地という記述はきわめて不自然で、島津氏の作為が感じられる。それでも武田氏は、この指出にもとづいて所領貫高と定納貫高を把握し、知行役を賦課したのである。結局、武田氏が地頭層の定納貫高を、どれほど所領貫高に近づけられるかは、相互の関係に規定されていた。戦国大名が、地頭層にどれほどの軍役を課すことができるかは、戦国期を通じて課題でありつづけた。

なお、武田氏が地頭層に発給する知行宛行状や安堵状に記載されている貫高の性格については、特記されない限り所領貫高と推定されている。しかし、軍役賦課などを目的とした知行宛行状や書立などでは、定納貫高である場合が多く、与える予定の所付け（郷村名などの指定）だけをしておいて、定納貫高のみを後日知らせるとした文書もあり（『戦武』三一三九号）、知行宛行状や安堵状に記載されている貫高の性格については、なお検討すべき課題が多い。

## 知行役と軍役

武田氏は、地頭層の所領貫高と定納貫高を把握し、それにもとづいて知行役を賦課している。なかでも最も重要であったのは、戦争への参加（軍役）であるが、その他にも勤めねばならない諸役が存在した。まずは、その内容を紹介しておこう。

武田氏が地頭層に賦課したものが普請役《ふしんやく》である。普請役の内容は、おもに城普請と川除《かわよけ》（堤防）普請が確認できるが、最も重視されたのは、城普請であった。この城普請であるが、地域支配や防衛にとって重要な城郭、砦には、軍役の一環として在番衆や在城衆が派遣された。地頭層は武田氏の命令によって、領国各地の城郭に赴任したが、そのさいに在城して城の警固をしつつ、城普請を行うことが原則であった。城普請には、定期的に決まって実施される「定普請《さだめふしん》」と、在番・在城衆によって不定期に繰り返し行われる番普請《ばんふしん》とがあったが、「定普請」は如何なる理由があろうと免許されることはなかった（『戦武』七一四号）。地頭としての城普請には、武田氏の御親類衆も動員されており、信玄の弟松尾信是《まつおのぶこれ》も信濃国長沼城の普請を担当している（『県外』五一二号）。なお、普請役賦課基準についてははっきりしないが、北条氏や武田氏の川除普請の事例のように所領貫高であった可能性が高い。

次に、川除普請について述べよう。武田氏は、その領国下の河川の氾濫《はんらん》に常に悩まされており、治水事業は重要な施策の一つであった。そのため、川除普請には、地頭層の所領貫高（面付）に対して普請すべき長さが指定された。信玄の家臣駒井高白斎は、天文十五年（一五四六）八月三日に、富士川の川除を実施するため、武田氏に命じられて河内谷《かわうちだに》の飯富《いいとみ》（山梨県身延町）に赴き、川除規模一〇間（約一八メートル）のうち、三間五尺（約七メートル）を担当している。そのさいの賦課基準は、所領貫高（面付）によるものであった（『高白斎記』）。この川除普請が実施された場所は、武田一族で有力国衆穴山信友《あなやまのぶとも》領にあたる。穴山領であるにもかかわらず、武田氏の家臣が川除普請を負担しているのは、国衆が独力では対処しえない川除普請などの大規模な普請事業には、武田氏がこれを支援するのが原則であったことを意味しよう。このような支援を国衆にしえたからこそ、戦国大名は広域権力として成立し維持できたのであろう。

普請役のもう一つの形態としては、兵粮《ひょうろう》輸送が上げられる。これは、地頭層がほんらい知行役として負担すべき城普請や、城番などの負担を免許する代替として命じられた。永禄三年十月、佐久郡小諸城に在番していた信濃国衆大井高政《おおいたかまさ》は、武田信玄より次のような指示を受けた（『戦武』七一四号）。信玄は、関東に侵攻した上杉謙信を牽制すべく、同年九月には信越国境に出陣し、帰途には碓氷峠に布陣して上杉軍の南下を押さえ込もうとした。そのさいに大井高政は、武田軍の補給を担当し、小諸城から碓氷峠まで兵粮輸送を行った。そこで信玄は、武田軍が侵攻しない小康《しょうこう》時にさいしては、大井高政の小諸城普請と在番を免許し（ただし小諸城の定普請は免許しない）、その代わりに上野口《こうずけぐち》（碓氷峠）方面に武田軍が侵攻するさいには、小諸城からの兵粮輸送を負担するように命じた（『戦武』七一四号）。

このほかに、地頭が負担していた知行役に、「地頭役」がある。この地頭役は、北条領国でいうところの出銭に相当する。これは、弘治三年十一月六日に、武田家奉行人長坂虎《ながさかとら》房《ふさ》・三枝虎吉《さいぐさとらよし》・両角虎光《もろずみとらみつ》が連署で、小尾藤七郎《おびとうしちろう》に対して「就京進面付之事《きょうしんにつきおもてつけのこと》」を発給し、地頭役を銭で納入するよう命じたのが初見である（『県外』一一〇三号）。そのさいに、小尾氏の所領貫高（面付）は七〇貫文で、それに一〇〇貫文につき八〇〇文の割合で役銭が賦課された。この割合で面付から割り出された小尾氏の負担額は、五六〇文であり、これを半分ずつの二八〇文にして、それぞれが地頭（小尾氏）と百姓に賦課された。この出銭は、京進とあることから、京都に進上されたもので、この年の九月に後奈良《ごなら》天皇が崩御し、正親町《おおぎまち》天皇が即位しているので、これを祝って武田氏が京都に贈ったものと推定される。地頭ばかりでなく、百姓にも負担を求めているのは、そのためであろう。地頭の所領貫高（面付）に応じて、百姓に出銭を求めた事例は他には見られない。

京進の名目ではなく、通常の地頭役についての史料も若干残されている。天正四年（一五七六）三月四日に、武田氏が賦課した地頭役の史料によれば、それは「上務《じょうむ》」（上司）一〇〇貫文につき三貫文の割合で賦課されている。ただし、一蓮寺宛の「面付之事」（『戦武』二六〇四号）と、所領貫高の低い土豪ないし有力百姓クラスと推定される某氏（早川氏か）宛の「面付之事」（『戦武』二六〇六号）では、地頭役賦課の方法に相違が認められる。一蓮寺宛の場合、武田氏は上務一〇〇貫文につき三貫文の割合で、面付ではなく、定納貫高（二四六貫文）に賦課され、七貫三八〇文の納入が命じられていた。ところが某氏宛の場合、この面付には上務と定納の区別がなされていない。これは所領貫高が低い土豪クラスには、定納貫高に賦課せず、上務（面付）すなわち所領貫高に賦課する方法が採用されたのではなかろうか。この場合、一蓮寺は、定納貫高に上司貫高割合の地頭役が賦課されるため、その負担は重くなり、所領貫高が低い土豪クラスと推定される階層には、所領貫高割合の地頭役をそのまま賦課するので、負担が軽減されることになる。

このほかに、武田氏滅亡後ではあるが、地頭役として籾《もみ》、黄金、びた銭などが「御蔵《おくら》」に納入されているので、地頭層に賦課された地頭役は、銭だけでなく、米穀や黄金などでも納められ、戦国大名の「御蔵」に保管されたのである（『県内』五一四～五一八号）。なお、地頭役を段銭とする説があるが（山室恭子「中世のなかに生れた『近世』」『遙かなる中世』四号）、地頭役＝段銭を明確に示す史料は存在せず、地頭出銭であることは事例からみて間違いない。

最後に、軍役について検討しておこう。軍役には、戦争に参陣する軍役と、武装をして武田氏の指示のもと領国各地の城郭や砦に、交代する期日（番替）まで駐留する在番、在城料を支給され長期的に駐留する在城がある。これはいずれも、武田氏より定納貫高を基準に定められた軍役人数と武装内容に則って本領を出陣し、指定の城郭、砦に入ることになっていた。

それでは、武田氏が地頭に賦課した軍役の内容について検討してみよう。武田氏が、家臣団である地頭層に対して、動員人数と武装内容の指示を行ったのは、永禄五年（一五六二）十月十日に信濃国衆大井高政に与えた軍役定書が初見である（『戦武』八〇三号、表3№2）。しかし、ここでは大井高政の所領貫高（上司）も定納貫高も記載されておらず、動員人数（着到人数）と武装内容のみを書き上げる様式に止まっている。ところが、天正五年からの軍役定書には、上司と定納貫高の区分が記され（あるいは軍役賦課の基準である定納貫高のみ）、それに対応する形で軍役の着到人数と武装内容が賦課されていた。

これまでの通説によると、「（武田氏の）軍役人数と定納貫高との関係は一律ではなく、定納貫高の大きさによってその率が変動している」ことしかわからず、「最高は島津氏の約六貫につき一人の割合であり、負担率が最も大きい。以下順を追い低くなり、最低の勝善寺の場合は十一貫四百文につき一人となり、島津氏との格差は非常に大きい」という。また、最高の軍役負担者と最低のそれとの格差の理由として「武田氏の軍役賦課は一定率ではなく、上重下軽の特徴をもっている。さて、島津氏以外の諸氏は定納貫高が百貫以下で、いずれも小さい。兵農分離の目途をおよそ百貫以上と考えればこれらの諸氏はいずれも兵農未分離《へいのうみぶんり》の小領主層に属することになる。それ故、武田氏のこうした賦課方式は権力編成における小領主層に対する一定の妥協・懐柔策として理解できる」と指摘されていた

(湯本軍一「戦国大名武田氏の貫高制と軍役」『法政史学』二九号)。また、武田氏の軍役賦課は甲斐衆と信濃衆では、信濃衆に重く、甲斐衆に軽いとの指摘もある(笹本正治『武田信玄』中公新書)。

そこで、新たに紹介された事例などを含めて、武田氏の軍役定書を再検討してみよう(表3)。①武田氏の軍役は、定納一〇〇貫未満の下級家臣については、約九貫文から約一二貫文につき一人の目安で賦課されている。②いっぽう、定納一〇〇貫文以上二〇〇貫文未満(信濃衆島津泰忠、桃井六郎次郎)の場合、四・四貫文から六貫文につき一人の動員となり、表3の中で最も軍役負担が過重である。これは湯本氏の指摘通りである。③ところが、定納二〇〇貫文以上(御親類衆武田信実、駿河衆岡部正綱、信濃衆西条治部少輔)になると、一三・二貫文から一四・二貫文につき一人の軍役負担で一定している。

この負担率は、かつて湯本氏が指摘した土豪・有力百姓層(湯本氏は小領主層と規定)の負担率よりもむしろ軽くなる傾向にある。④以上の事実から、湯本氏の指摘した「上重下軽の特徴」は成立せず、定納一〇〇貫文以上二〇〇貫文未満の階層の負担が最も重く、一〇〇貫文以下の下級家臣(寄騎《よりき》・同心衆クラス)と二〇〇貫文以上(上級家臣、寄親《よりおや》クラス)の負担が軽いことがわかる。しかも上級家臣(寄親クラス)は、下級家臣よりも負担率が軽いのである。この事実は、武田氏がその軍団と家臣団構成の中核である上級家臣

（御親類衆、譜代家老衆、有力国衆）に対して優遇措置を採らざるをえなかったことを推測させる。

その結果、その分負担が過重となったのは、中小の国衆や土豪層であった。⑤さらに負担率変動の目安である二〇〇貫文については、武田氏の軍法条目に、定所務（定納）二〇〇貫文を基準にして、替え馬と悴者《かせもの》騎乗の馬を用意させる規定があり（『県外』六六・一〇二八号）、一五〇貫文の者へは替え馬のみの負担が義務づけられていた（『県外』七二〇・一〇二八号）。

ここから、武田氏の軍役賦課率変動の目安は、一五〇～二〇〇貫文あたりに設定されていたと推定される。⑥表3を見る限り、甲斐衆と信濃・駿河衆との間に、負担率の格差は存在しない。したがって甲斐衆の負担が軽いとの説は成立しない。あくまで負担率変動は、定納貫高を基準にしている。

右のほかに、他の史料と勘案して指摘できるのは、騎馬の負担に関する問題である。たとえば北条氏では、知行貫高一〇〇貫文につき騎馬三騎、同じく二〇〇貫文前後の小領主にも本人自身は馬上が割り当てられるのが原則であった（佐脇栄智『後北条氏と領国経営』）。これに対して、武田氏の軍役で騎馬が占める割合は、上級家臣の場合、一〇〇貫文につき一騎という傾向が読みとれる。また下級家臣は、二〇〇貫文を基準に一騎という傾向がある。

| 総計 | 騎馬 | 持鑓 | 長柄 | 弓 | 鉄炮 | 小旗持 | 指物持 | 持道具 | 甲持 | 具足 | 手明 | 比率 | 出　典 |
|---|---|---|---|---|---|---|---|---|---|---|---|---|---|
| 40 | — | — | — | — | — | — | — | — | — | 40 | — | ? | 戦武742号 |
| 45 | — | 2 | 30 | 5 | 1 | 1 | 1 | — | 1 | — | 4 | ? | 戦武803号 |
| 45 | 5 | — | 31 | 5 | 1 | 1 | — | 2 | — | — | — | ? | 戦武804号 |
| 38 | 4 | — | 18 | 4 | 1 | 1 | 1 | 3 | 1 | — | 5 | ? | 戦武892号 |
| 〈5〉 | 1 | 1 | 1 | — | 1 | 1 | — | — | — | — | — | ? | 県外441号 |
| 〈37〉 | 7 | 30 | — | — | — | — | — | — | — | — | — | ? | 県外273号 |
| 〈2〉 | 1 | — | — | — | 1 | — | — | — | — | — | — | 11.66 | 戦武1468号 |
| 〈28〉 | 3 | 5 | 10 | 2 | 5 | 3 | — | — | — | — | — | 14.19 | 戦武1672号 |
| 〈70〉 | 15 | 45 | — | — | — | 10 | — | — | — | — | — | ? | 県外273号 |
| 〈4〉 | 1 | 1 | 1 | — | — | 1 | — | — | — | — | — | 8.8 | 戦武1788号 |
| 46 | 6 | 6 | 19 | 6 | 6 | 3 | — | — | — | — | — | ? | 戦武2580号 |
| 9 | — | 2 | 4 | 1 | 1 | 1 | — | — | — | — | — | ? | 戦武2618号 |
| 3 | — | 1 | — | 1 | — | 1 | — | — | — | — | — | ? | 戦武2639号 |
| 2 | — | 1 | — | — | 1 | — | — | — | — | — | — | ? | 戦武2645号 |
| 8 | — | 5 | — | 1 | 1 | 1 | — | — | — | — | — | ? | 戦武2646号 |
| 4 | — | 1 | 1 | — | 1 | 1 | — | — | — | — | — | ? | 戦武2647号 |
| 12 | 1 | 2 | 6 | 1 | 2 | 1 | — | — | — | — | — | ? | 戦武2654号 |
| 5 | 1 | 2 | 1 | — | 1 | 1 | — | — | — | — | — | ? | 戦武2658号 |
| 〈71〉 | 9 | 15 | 21 | 10 | 10 | 5 | — | — | — | — | — | 13.2 | 戦武2810号 |
| 〈32〉 | 4 | 4 | 12 | 4 | 5 | 3 | — | — | — | — | — | 14.1 | 戦武3014号 |
| 20 | 1 | ? | 4 | ? | 1 | 1 | — | — | — | — | — | 6.02 | 戦武3015号 |
| 〈5〉 | 1 | 1 | 1 | — | 1 | 1 | — | — | — | — | — | 9.94 | 戦武3016号 |
| 〈2〉 | 1 | — | 1 | — | — | — | — | — | — | — | — | 10.5 | 戦武3017号 |
| 〈1〉 | — | — | 1 | — | — | — | — | — | — | — | — | 11.4 | 戦武3018号 |

比率は動員１人あたりの貫高との関係を示す．※の武田信実の定納貫高は，同日付行書立目録による．出典の『戦武』は『戦国遺文武田氏編』，『県外』は『山梨県史』

表3　戦国大名武田氏の軍役定書一覧

| No. | 年　月　日 | 家　臣　名 | 区　分 | 上　　司 | 定納(定所務) |
|---|---|---|---|---|---|
| 1 | 永禄4年(1561) 5月10日 | 桃井六郎次郎 | 信濃衆 | — | 177貫240文 |
| 2 | 5年(1562)10月10日 | 大井高政 | 信濃衆 | — | — |
| 3 | 5年(1562)10月19日 | 大井高政 | 信濃衆 | — | — |
| 4 | 7年(1564) 5月24日 | 大井高政 | 信濃衆 | — | — |
| 5 | 9年(1566) 9月21日 | (宛名欠) | ? | — | — |
| 6 | 10年(1567) 7月1日 | 後閑信純 | 上野衆 | — | — |
| 7 | 12年(1569)11月2日 | 沢登藤三郎 | 甲斐衆 | — | (増分)23貫332文 |
| 8 | 元亀2年(1571) 3月13日 | 武田信実 | 親類衆 | — | ※397貫350文 |
| 9 | 2年　10月1日 | 後閑信純 | 上野衆 | — | — |
| 10 | 元亀3年(1572) 2月5日 | 下源五左衛門尉 | 上野衆 | — | 35貫文 |
| 11 | 天正4年(1576) 2月7日 | 小田切民部少輔 | 信濃衆 | — | — |
| 12 | 4年　3月27日 | 大日方佐渡守 | 信濃衆 | — | — |
| 13 | 4年　5月2日 | 古屋八左衛門 | 甲斐衆 | — | — |
| 14 | 4年　5月12日 | 小尾新四郎 | 甲斐衆 | — | — |
| 15 | 4年　5月12日 | 初鹿野伝右衛門尉 | 甲斐衆 | — | — |
| 16 | 4年　5月12日 | 大久保平太 | 甲斐衆 | — | — |
| 17 | 4年　5月19日 | 市川助一郎 | 甲斐衆 | — | — |
| 18 | 4年　5月25日 | 大滝宮内左衛門尉 | 信濃衆 | — | — |
| 19 | 5年(1577) 5月26日 | 岡部正綱 | 駿河衆 | 2465貫文 | 968貫285文 |
| 20 | 6年(1578) 8月23日 | 西条治部少輔 | 信濃衆 | 1450貫文 | 451貫300文 |
| 21 | 6年　8月23日 | 島津泰忠 | 信濃衆 | (875貫文) | 120貫400文 |
| 22 | 6年　8月23日 | 原伝兵衛 | 信濃衆 | — | 49貫700文 |
| 23 | 6年　8月23日 | 玉井源右衛門尉 | 信濃衆 | — | 21貫文 |
| 24 | 6年　8月23日 | 勝善寺順西 | 信濃衆 | 36貫文 | 11貫400文 |

注：— は記述なし．〈　〉内の数値は軍役定書の総計（後閑信純のみ文書内容の数値）．
の武田家印判状の数値．また島津泰忠の上司貫高は，天正6年7月27日の島津泰忠知
県外文書編．番号は文書番号を示す．

騎馬負担の目安となる知行貫高は、武田氏も北条氏も同じであるが、若干武田氏の方が、北条氏よりも騎馬動員が少ないとみられる。ところで、騎馬を負担する知行貫高の目安が、二〇貫文という表3よりの推定は、武田氏の軍事条目から裏づけられる。

一、弐拾《にじゅう》貫より三拾《さんじゅう》貫に至りては黒付朱紋金《くろつきしゅもんきん》の馬介《うまよろい》、三拾貫より上は、惣じて金の馬介たるべきこと

これは元亀四年十一月一日に、武田氏が発令した軍役条目の第九条であるが、これによれば、定納貫高二〇～三〇貫文の者は、黒付朱紋金の馬介を、三〇貫文以上の者はすべて金の馬介を用意することが義務づけられていた（『県外』一〇二七号）。そして、ここでは二〇貫文以下には、馬介に関する規定が存在していない。つまりそれ以下の知行貫高の者が騎馬で出陣することを、武田氏が想定していないことを示している。ここから、武田氏の軍役規定において、騎馬を負担するのは二〇貫文以上の定納貫高を保持する者のみであり、この該当者は騎乗で参陣することになっていたと考えられる。この規定は、元亀四年（天正元〈一五七三〉）以後のものであるため、それ以前にはそのまま適用されない可能性が高いが、少なくともそれ以後の軍役定書の内容とは一致していることが認められる（表3では、勝善寺順西のみが二〇貫文以下であり、彼は歩兵として参陣する規定であった）。

このように、武田氏の軍役は、天文十年（一五四一）の信玄の家督相続から信濃侵攻の

過程で、面付改めなどを通じて所領貫高と定納貫高の把握が行われ、それに対応しておもに永禄五年（一五六二）ごろから整備が進み、軍役定書が成立したのであろう。そして、信玄の晩年から勝頼期に至って、知行改め（検地を含む）、貫高制の整備、軍役の整備が一体となって進められたと考えられる。

## 軍役内容の変動とその諸要因

武田氏の場合、定納貫高に対応した軍役人数（着到人数）の傾向をつかむことは、容易ではない。それは、北条氏と違って、武田氏の軍役定書には、所領貫高が記されていないことが多く、それと軍役との対応関係を分析することが困難であるからである。これが北条氏とは違って、武田氏の軍役規定の内容を分析する障害となっている。また、軍役定書には、同じ家臣へ与えたものでも、時期によって着到人数に変動がある場合があるが、その理由などは史料の性格上表記されず、これも軍役基準の探究を困難にしている原因である。

信濃国衆大井高政は、永禄五年（一五六二）十月十日に、信玄より総人数四五人の動員が義務づけられ、武装内容も詳細に指示された（表3No.2）。ところが信玄は、そのわずか九日後に、大井高政に再び軍役定書を与え、総人数四五人はそのままにし、武装内容のうち指物持《さしものもち》、甲持《かぶともち》、手明《てあき》を廃止して騎馬、長柄《ながえ》、持道具を加増させている（表3No.3）。しかしつまり武田軍の装備内容や、着到人数は武田信玄の意図が色濃く反映されていた。しかしそれは、必ずしも信玄の一方的な軍事力強化を目指す意図ばかりを意味しない。

大井高政に、軍役定書を与えた二年後の永禄七年（一五六四）五月に、信玄は高政の着到人数を四五人から三八人に減らし、武装内容も、騎馬を一騎減らし、さらに長柄を大幅に減らして、手明などの軽輩を増加させている（表3No.4）。偶然にも史料に恵まれている大井高政の場合、信玄はその軍役負担について、No.2→No.3では軍役強化を、No.3→No.4では軍役軽減という措置を採っていたことが知られる。ここから、武田氏の軍役定書は、信玄が軍役量を調整して指示しなおしたり、着到人数は不変でも武装内容に変更を求めたり、あるいは着到人数を若干減らすなど多様な指示を行っていたことがわかる。これらから、着到人数と武装内容の変動理由は、軍事力強化という一方的なベクトルでは説明しえないと推察される。

着到人数と武装の内容に変動が現れる最大の理由は、軍役を負担する家臣の抱える事情が最も大きいと思われる。武田氏の家臣たちは、連年におよぶ戦争への動員のため、きわめて困難な状況に立たされていた。その様子は、信玄が制定した「甲州法度之次第」に色濃く反映されている。

それによれば、武田領国では、家臣たちが自分の私領や名田《みようでん》などを売却する事態が頻発していた（第一二条）。それればかりか、彼らは武田氏から戦功によって与えられた恩地《おんち》にまで手をつけてしまっている。それほど家臣たちの窮乏は深刻化していた。武田氏は、彼らの私領・名田については自由な売却を認めていたが、恩地の処分については厳しい規制を加えていた。なぜなら、恩地は家臣に給与してはいたが、武田信玄に進退権が存在しており、いつでも取り上げることが可能であったからである。だが武田氏は、結局届け出た上での年期売りを容認せざるをえなかった。家臣たちの窮乏化を食い止める手立てを、信玄も講じることはできなかったのである。そこで信玄は、武田氏の権力基盤である恩地の売却を、年期売りのみ容認する方向で押さえ込むとともに、年期をへれば元に戻るよう手当てをして、家臣の恩地維持を図る以外になかった。だが、事態はより深刻であった。

じつは、武田氏の家臣たちの多くは恩地を担保に、借銭・借米をしようとしていた（第四三条）。この事態に対処すべく、恩地を借用状に記載したものを、武田氏の許可なく受け取ってはならないと定められた。だが、負債にたえかねて、家臣が逐電する事態まで発生していた。それほどまでに、家臣たちの経済的危機は根深いものがあった。

彼らを危機に追い込んだのは、武田氏の軍事動員や武装要求の厳しさというだけではなかった。信玄の生きた時代は、飢饉と災害の時代であり、天文から永禄期は特に激しい災害と凶作が列島各地を襲っていた。このため、家臣たちの所領も不作や被災に見舞われており、年貢などの収取が追いつかず、軍役に応じられなかったのである。

そのため、武田氏のもとに家臣たちより恩地の場所を変更して欲しいという替地《かえち》要求がしきりに持ち込まれていた（第一〇条）。なぜなら、恩地が水害や旱魃《かんばつ》の被害を受け、武田氏から要求される軍役負担に応じられないからである。しかし信玄は、この要求には一切応じられないと通告した。だが、困窮する家臣たちに対して、被害の程度に応じて、軍役負担の軽減を容認せざるをえなかった。つまり、領国の天災による被害が拡大すればするほど、武田氏の軍事力は低下する可能性があった。しかし、それを承知で信玄は、家臣たちの救済措置として軍役軽減に踏み切らねばならなかった。いっぽうで信玄は、替地要求には応じないが、戦功があればそれに見合った所領を与えると約束し、武田氏への軍事動員に積極的に応じるよう家臣たちを鼓舞している。むしろ危機的状況だからこそ、可能な限りの兵卒を率いて、武田氏とともに戦争に参加し、そこで戦功をあげて新たな所領を獲得することが、それを打破する最上策であると、信玄は家臣達を説得し、かつ勧誘している。

実際に、信濃国衆清野《きよの》左近入道《さこんにゅうどう》は、所領の凶作のため武田氏の軍役負担に応じられず、ついに信玄に対して負担の軽減を申請した（『県外』一〇三一号）。

向後具足《こうごぐそく》二百人をもって陣参を勧めらるるべく候、然からば領中不作の由に候条、その間のことは用捨《ようしゃ》として具足百六十人召し連れられ尤もにそうろう、仍ってくだんの

ごとし
　永禄五年
　　　二月四日　　　　　　　信玄（花押）
　　　　清野左近入道殿

清野左近入道は、川中島衆で海津城代春日虎綱の指揮下にあった国衆である。清野氏は、武田氏より具足二〇〇人の着到人数と定められていたが、所領が不作であると訴訟したため、信玄はこれを認め、領内が不作から立ち直るまでは着到人数を四〇人減らし、一六〇人とすることを了承した。つまり、着到人数の変動は、家臣たちの事情を考慮した信玄の判断という場合も存在した。

また、軍役負担に喘《あえ》いでいたのは家臣たちだけではない。家臣たちの配下として、参陣を強制されていた被官たちも苦しんでいた。永禄五年二月、武田信玄は大井高政に対して、軍役負担を嫌って陣中より逃亡し、武田領国を流浪する被官たちを成敗するように命じた（『戦武』七六九号）。彼らの成敗を命じたのは、陣中よりの逃亡であったからであろう。軍役を忌避して、主人のもとから逃亡する被官たちは後を絶たなかった。武田氏はその場合、ただちに被官を召し返すように、家臣たちに命じており、もし他人のところへ奉公しているようであれば、その主人に断ったうえで取り戻すように指示している（柴辻俊六『戦国大名領の研究』)。武田氏より軍役を命じられた家臣たちも苦しかったが、実際に主人にしたがって出陣する被官たちの苦難もまた大きかった。家臣たちが武田氏に軍役負担の軽減を要求したのは、自分の配下に被官たちの困窮や逃亡という抵抗にも配慮せざるをえなかったためであろう。

# 戦国史の中の武田信玄——エピローグ

## 武田氏歴代の中の信玄

武田信玄の生涯と内政、軍制について述べてきたわけであるが、最後に、戦国史の中で、信玄はどのような人物と位置づけることができるかを検討してみたい。まずここでは、甲斐源氏の流れをくみ、甲斐守護を歴任した武田家の当主として、信玄とはどのような当主であったのかを振り返っておこう。既述のように、信玄は、父信虎を追放した直後、父と同じ官途である左京大夫を捨て、自ら望んで大膳大夫を、さらに信濃守を称した。これは父との訣別と、新たな武田家当主として、父とはまったく異なった路線を選択するとの意識表示と捉えられる。

だが信玄は、父信虎がおこなったすべてを否定し去ったわけではない。信玄は元服の際に、室町幕府将軍足利義晴より、偏諱《へんき》を受けて、晴信と名乗ったことはよく知られているが、武田氏歴代当主の中で、室町幕府将軍より偏諱を拝領したのは、晴信（信玄）しか存在しない。父信虎でさえ、そういった形での、将軍との繋がりが稀薄なのである。だが、これは信玄が独自に選択した路線ではなく、父信虎が行った政治工作の結果であった。もちろん、父祖武田信重以来、武田氏が中央との接触は頻繁ではあったことはすでに先学が指摘するところである（磯貝正義『武田信重』、秋山敬『甲斐武田氏と国人』）。だがこれまでの武田氏歴代よりも、いっそう室町幕府将軍へ接近したり、京都を強く意識した行動が看取されるのは、実は父信虎以来のことである。

永正十六年（一五一九）に甲府に躑躅ヶ崎館を移し、城下町を建設したさいに、それを京都になぞらえた都市プランの先鞭をつけたのは、信虎であった。信玄は、さらにこれを発展させ、室町幕府三代将軍足利義満の築造した「花の御所」にならった館の整備などをおこなったのである。それは、躑躅ヶ崎館より出土する遺物からもうかがわれ、多数出土している中国より輸入された高級陶磁器は、武田氏の権力と財力を象徴する威信財であるが、その内容は他の戦国大名と同じく、室町将軍家が嗜好《しこう》した威信財を、そのまま受容していた傾向が顕著で、それは「将軍家を規範とする社会構造に連なっていた」と指摘されている（佐々木満「戦国期陶磁器と武田氏」『定本・武田信玄』他）。

また信虎の左京大夫任官（大永元年〈一五二一〉）は、東国における武田氏の権威高揚を狙ったものとみられ、事実、ライバルであった伊勢氏綱は、信虎や両上杉氏に対抗すべく、「北条」改姓（大永四年〈一五二四〉）と左京大夫叙任（享禄二年〈一五二九〉）を実現させているのである。

こうした信虎の強い京都への志向性が、嫡男武田太郎の元服時に、将軍義晴よりの偏諱を受けるための政治工作を実施させ、実現に漕《こ》ぎ着けたとみてよかろう。信玄は、父が推進した京都や幕府との関係強化による、武田氏の権威拡大という路線は捨てることなく、むしろ生涯にわたってこれを発展させる外交を進めている。その意味で、信玄は、父信虎の路線との訣別《けつべつ》を宣言しながらも、室町幕府や京都を志向する意識構造は、そのまま引き継いでいたといえる。

## 室町幕府に対する信玄の意識

信玄は、父追放後、官途の変更を申請し、天文十一年（一五四二）九月ごろ大膳大夫に叙任された。そのさいに、大膳大夫は正五位下が官位相当であるが、自身は左京大夫の官位である従四位下のまま、大膳大夫を称している。この大膳大夫は、室町幕府を支えた有力守護大名で、武田一族の若狭武田氏の歴代官途である。つまり信玄は、若狭武田氏と同じく、室町幕府に連なり、それを護持する大名として、甲斐武田氏を位置づけようと考えたのではなかろうか。さらに、永禄元年（一五五八）には将軍足利義輝に申請して、嫡男太郎義信の身分を、三管領に准じるとの御内書を受けている(『戦武』五八六号)。これにより、武田信玄・義信父子は、幕府を支える管領と同等の役割を担う戦国大名と認定されたことになる。

しかし信玄は、義信への偏諱を将軍義輝に申請した形跡がない。これは、後に信玄が、将軍足利義昭に、実現はしなかったものの勝頼への偏諱を依頼したことと対照的である。それは、将軍義輝が、武田氏よりも上杉謙信との関係が濃密であり、謙信は出家前まで義輝より偏諱を受けて、輝虎と称していたことが原因であろう。つまり、輝の偏諱を受ければ、宿敵上杉輝虎と同等の関係となるため、これを避け、むしろ偏諱よりも重要な室町幕府内部での秩序に位置づけられることで、輝虎よりも上位の立場を誇示しようとしたのであろう。輝虎の関東管領よりも、義信の三管領に准じるとの立場の方が、それを凌駕すると信玄は考えたものと思われる。

## 強烈な源氏意識

武田信玄の意識構造を考える上で、さらに重要なのは、源氏の血脈を引く強烈な名族意識を保持していたことである。戦国大名は、自己の領国を「国家」と呼称し、領国下の地頭や民衆に対して、「国家」への忠節を説いたことはよく知られている(勝俣鎮夫『戦国法成立史論』『戦国時代論』)。

ところが、武田氏の場合、国家という文言が使用されたことは事実であるものの、その用例は極めて少なく、寺社への願文や安堵状などに「国家安全・武運長久」という形で使用される場合が多い（池享「戦国大名領国における『国』について」『武田氏研究』三三号）。だが武田氏で特徴的なのは、信玄・勝頼二代にわたって、「国家」という文言が位置すべきところに、「当家」「御当家」という文言が、使用されることが頻繁であることで、これは北条・今川氏をはじめ、他の戦国大名にはあまり類例がないものである。またその具体的な用例を見ると、「然からばすなわち御当家御武運長久・国家安寧《こっかあんねい》の精誠《せいせい》、疎略《そりゃく》あるべからず」（『戦武』二二四八号他）、「然からばすなわち当家御武運長久・国家安泰の祈念、丹精《たんせい》を抽《ぬき》んずべし」（『県外』二八八八・八九号他）とあるように、「御当家」（武田家）が「国家」よりも上位に位置し、国家安泰や安寧の祈願に優先しているのである。このような用例が特殊でないことは、武田氏が織田信長の脅威に直面したさいに、「来歳は無二に尾（尾張）・美（美濃）・三（三河）・遠（遠江）の間に至り、干戈《かんか》を動かし、当家興亡の一戦を遂ぐべきの条、累年の忠節この時に候（下略）」と述べていることからもうかがわれる（『県外』二五号）。ここでは、当家興亡の危機を武田氏が訴え、これまでの恩に報いて忠節を尽くすべきであるとの論理が展開されている。

こうして見ると、「御当家」は、「国家」を武力によって守護し、保持する立場にあり、「御当家」の安定が、必然的に「国家」の安寧を保証するとの意識が読みとれるのである。これは、北条氏などが使用した「大途」とも明確に異なる。戦国大名北条氏の場合、「大途」や「公儀」とは、北条氏が武力と法秩序の整備によって創設した、「国家」の中心に位置する人格（当主）を強く意識したもので、それは「国家」における軍事指揮権、軍事動員権、軍役賦課権などの軍事的諸機能を独占していた（久保健一郎『戦国大名と公儀』）。

ところが、武田氏の場合には、そのような事例は存在せず、信玄や勝頼のような武田氏当主は「御当家」の中に包摂され、それと一体化していることに特徴がある。武田氏にとって、「御当家」（武田家）とは当主によって支えられ、それが「国家」の安寧を実現しているという構造になっているわけである。「国家」は、当主の力量によって保たれるという論理は、元亀二年（一五七二）三月三日付の北条綱成宛書状（いわゆる深沢城矢文）にも見られる。そこには、武田・北条両氏断交のきっかけとなった、信玄の駿河侵攻の理由として、今川氏真に対する累年の遺恨を掲げつつも、加えて「この氏真の行跡を伝え聞くに、天道を恐れず、仁義を専らにせず、文なく武なく、ただ酒宴・遊興を専らにし、士民の悲しみを知らず、諸人の嘲《あざけ》りを恥じず、恣《ほしいまま》に我意に任せらるるの条、何をもって国家を保つべき人に候哉」と記している（『戦武』一六三九号）。

つまり、「国家」の安定が保たれるには、領国民のために我意を捨て、文武ともに優れた資質を持つ、大名当主が必要であり、それが実現できない場合には、除かれても仕方がないと述べている。大名の当主には、「国家」を保つ資質（器量）が要請されるというのが、信玄の論理であり、これは「御当家」を当主が支え、それにより「国家」が保たれるとする意識構造に通じていると思われる。

それほどまでに強調される「御当家」意識とは、すなわち源氏の流れを汲むという強烈な自意識である。それは、武田氏が清和天皇の血筋を引く、新羅三郎義光《しんらさぶろうよしみつ》の後裔であるという名族意識に他ならない（「武田信虎画像賛」『県内記録』一〇四七号、「武田信虎夫人画像賛」『同』一〇四八号他）。

源氏の名族である武田氏という自意識は、家臣へ忠節を要請する場合にも看取《かんしゅ》される。永禄十年（一五六七）の「下之郷起請文」において、信玄の家臣たちは、日本国中の諸神祇をはじめ、甲斐・信濃・上野の有力な神々へ信玄への忠節を誓約したが、その中には、「弓矢八幡《ゆみやはちまん》・御籏楯無《みはたたてなし》」（武田信廉）「弓箭八幡大菩薩《ゆみやはちまんだいぼさつ》・御旗楯無《みはたたてなし》」（浅利信種）「御旗無楯（楯無）御《おん》罰《ばつ》」（両角昌守）などのように、武田氏の家宝で、甲斐源氏の象徴である御旗（日の丸の旗）・楯無《たてなし》の鎧（甲斐源氏の祖源〈新羅三郎〉義光が着用した鎧）への誓約が織り込まれていた。戦国大名が家臣に、自分の家の家宝であるとともに、崇敬の対象であるモノに対して、誓約をさせたというのは他に類例を見ない。それほど、武田氏の家中では、御旗・楯無という家宝が、家の象徴として特別であったことを物語っている。『甲陽軍鑑』などに、御旗・楯無の前で誓約したことは、信玄といえども覆すことが出来ないと記しているのは、おそらく事実であろう。

さて、武田氏の「御当家」意識の根底にあったものは、甲斐源氏の祖新羅三郎義光に対する誇りと憧憬である。特に信玄にはその傾向が強く、彼の不動明王信仰や天台宗との関係は、甲斐源氏の祖新羅義光《しんらよしみつ》に由来するところが大きく、それは信玄自身が証言しているところである（「智証大師御筆不動明王画像賛」『県内記録』一〇七八号）。信玄は晩年に天台宗との関係をより緊密にしていくが、それは新羅義光が、父源頼義が信仰していた園城寺《おんじょうじ》の氏神新羅大明神の神前で元服したことに由来している。後に述べるが、信玄の院号法性院も、天台宗《てんだいしゅう》との関わりが認められる。これも義光以来の縁を意識したものであろう。

それでは、なぜ信玄には、祖新羅義光を起点とする甲斐源氏であることへの強烈な自意識が存在するのであろうか。少なくとも、信玄・勝頼の二代ほど、これを強烈に前面に出した武田氏当主は存在しない。これは、信玄・勝頼の二代の置かれていた政治状況などを考慮する必要があるかもしれない。それは、新羅三郎義光が、兄八幡太郎義家を助けて、東北の兵乱を勝ち抜いた故事にならい、その直系の子孫である信玄が、義光の兄義家の子孫室町将軍足利氏を援助するという自己意識を持ち、その実現に向けて京都を志向するという、武田氏の行動の正当性を根拠にしようとしたためではなかろうか。父信虎以来つちかわれていた京都への志向性といい、信玄が大膳大夫を自ら望んだことといい、さらにさまざまな信玄の活動の実態をみてくると、そのような推測も許されるのではないか。

## 宗教と信玄

武田信玄の思想と行動規範を考えるさいに、忘れてはならないのが宗教との関係である。本書では、紙幅の関係から、まったくそれを果たすことができなかったが、ここでは京都や室町幕府および父祖甲斐源氏との関わりの中で、重要と思われる天台宗との関係にしぼって述べておこう。

信玄が、天台宗の比叡山延暦寺《えんりやくじ》や園城寺と緊密な関係を結んでいたことはよく知られており、元亀二年（一五七一）九月、織田信長の焼き討ちで全山滅亡となったさいには、満蔵院亮信・正覚院豪盛らが亡命してきたため、これをかくまい、後に日蓮宗総本山身延《みのぶ》山久遠寺《さんくおんじ》を、信濃国中野の地に移し、久遠寺の跡に比叡山を再興しようと企てたといわれる（『軍鑑』）。これが事実かどうかは定かでないが、信玄が信長打倒の大義名分を、比叡山延暦寺と山王二一社の再興としていたことはよく知られている。

信玄と天台宗との関わりについて、祖新羅義光以来の縁で、園城寺と緊密な関係を保ち、智証流真言の教示を望み、それに造詣《ぞうけい》が深い僧侶の下向を申請したのが、その好例である（『戦武』一九二一号）。また、元亀元年（一五七〇）三月に、京都曼殊院《まんしゅいん》門跡准三宮覚恕《かくじょ》親王（後奈良天皇皇子、曼殊院門跡二七世）が、天台座主《ざす》に就任したさいには、祝儀の書状とあわせて中国南宋時代の名画猿図を献上している（『戦武』一九二三号）。こうした関係が実を結び、信玄は元亀三年（一五七二）七月には、覚恕の斡旋により、僧正《そうじょう》に任ぜられたのである（『戦武』一九二七～二八号）。

このほかにも、信玄の院号は、比叡山延暦寺に由来するとの説がある（守屋正彦「武田氏の不動明王信仰と近世絵画への展開」『定本・武田信玄』他）。特に、信玄の院号である法性院は、彼の祖新羅義光や延暦寺に由来しているという。信玄が永禄二年に出家して最初に称した表徳号（雅号）は「徳栄軒《とくえいけん》」である。これは、信玄が出家したさいに、軒を築き、その扁額を駿河国臨済寺鉄山宗純《てつざんそうじゅん》に乞うたところ、鉄山は「徳栄」の字を記して信玄に与えたことに由来する（「天正玄公仏事法語」『県内記録』七号）。

ところが信玄は、永禄十二年（一五六九）から法性院を称するようになる。この法性院は、ある時に院を築き、ここに掲げる扁額を正親町天皇に乞い、「法性院」の扁額を拝領したことを契機に使用するようになったという（同）。この法性院は、館の鬼門《きもん》に紺殿《こんでん》・朱楼《しゅろう》を築造し、ここに多聞天王《たもんてんのう》を安置したものであるというが（奥野高広『武田信玄』）、実際には躑躅ヶ崎館の旗屋を、法性院と称したらしい。この院号は、信玄が落髪したさいに、比叡山延暦寺の法性院の什物《じゅうもつ》として秘蔵されていた、弘法大師筆不動明王画像を乞い請け、これを旗屋の本尊とし、法性院と名づけたのに由来するという（『甲斐国志』仏寺部第一「清水山万蔵院」）。この説は、信玄の落髪と法性院の院号使用開始の時期があわないことから、にわかに首肯《しゅこう》しがたいが、天台宗との関係を指摘していることは興味深い。

いずれにせよこうした前提があって、信玄は西上作戦にさいしては、その目的を「信長が焼却破壊したる比叡の山の大学及び僧院、ならびに坂本の山王を再建するにあり」と宣伝し、世間の人々に信玄こそ王城の守護であり鎮護国家の拠点たる比叡山の守護者と印象づけさせようとしたのである。さらに信玄は、「信長に一書を贈りしが、その名を誇示せんとの慢心より、その書状の上に次のように認めたり、テンダイノ・ザスシャモン・シンゲン、その意は天台宗の教の最高の家及び教師信玄ということなり、信長はこれに対して、ドイロク・テンオマウオ・ノブナガと応酬せり、その意は、諸宗の敵なる悪魔の王信長ということにして、ダイバが釈迦に対し、その宗旨の弘布を妨げしが如く、信長は今日まで日本の諸々の偶像の尊敬及び崇拝を妨害せるがゆえなり」と、ルイス・フロイスの報告にある如く、天台座主沙門信玄と称し、信長に挑戦したのである。

これに対し、信長は第六天魔王信長と応酬したとあるが、信玄は自己の軍事行動と信長打倒の正当性を、天台宗と結びつけ、さらに室町幕府将軍の上洛下知を根拠にしていたのである。信玄にとって、天台宗との濃密な結びつきは、甲斐源氏の祖新羅義光を始源とし、それを最大限利用することで形成されていった。そして、それは僧正位の獲得という形で結実し、最終的には天台宗の保護者、再興を志す者としての演出に寄与することとなった。

よく誤解されることであるが、戦国争乱であっても、むやみに戦争を相手に仕掛けることが可能であったわけではない。それには、かならず軍事侵攻のための理由づけ、すなわち正当性の獲得と宣伝が重要であった。信玄が、若き日に信濃守護の地位を獲得するのは、信濃侵攻を正当化するためである。彼は、家督相続後まもなく信濃守を称しているが（天文十九年十一月二十四日が初見）、実際に補任された形跡がなく、僭称《せんしょう》していたのであろう。

### 敵打倒の論理と信玄の死の影響

信玄が信濃守に正式に補任されるのは、永禄元年（弘治四年・一五五八）のことである。そして、同年九月に信濃国善光寺の移転を正式に開始する。信玄の信濃守護職補任と、善光寺移転が連動しているのは、信玄が善光寺如来を動かすのを、略奪と誹謗されないよう配慮した結果との指摘がある（片桐昭彦「武田信玄と上杉謙信」『上杉氏年表』）。正当性の問題であれば、上杉謙信の関東管領就任と関東侵攻、伊勢早雲の伊豆侵攻（将軍義澄《よしずみ》の容認）、伊勢氏綱の「北条」改姓と関東侵攻など、近年指摘されているいくつもの事例を掲げることが出来る。この他にも、同盟違犯や国境紛争など開戦の契機はいくつも存在する。

そして最終的には、将軍足利義昭の要請により、上洛を宣言するとともに、加えて天台宗の保護者としての地位を確保して、それを実現するために不可欠な織田信長打倒の正当性をえるのである。

このように見てくると、武田信玄はまちがいなく、戦国史において、室町幕府体制をはじめとする旧来の枠組みを利用しながら、勢力拡大や最終的には上洛を目指した戦国大名であったことがうかがわれる。だが、室町幕府に連なる意識構造を有していたことを、武田氏の保守主義とか、古い体質を脱却しきれなかった証拠と評価することは、慎まなければならないであろう。

それは、改革者として評価されがちな織田信長でも、実は変わるところがなかったからである。織田氏は、信長の父信秀が室町幕府体制に積極的に連なり、さらに朝廷にも工作することで、自己の官位や権威を上昇させる努力をしていたことはよく知られている。こうした考え方は、信長にも引き継がれ、彼は足利義昭を奉じて永禄十一年（一五六八）九月に上洛し、これを背景に畿内を制圧し、織田政権の形成がはじまるのである。信長でさえ、室町幕府の擁護と再建を旗印に上洛し、周辺諸大名への軍事行動を正当化したわけである。その後信長は、将軍義昭よりの副将軍か管領への就任を求められるが、いずれも辞退しており、室町幕府体制の枠組みに取り込まれることを拒否するが、これを否定することはできなかった。そして、元亀元年（一五七〇）正月に、信長は義昭の権限を制限するが、それとても幕府の否定ではなく、これを克服する論理（正当性）を未だ保持してはいなかったのである。

このように、信玄も信長も、二人ともが存命していた時期には、両者は幕府体制を枠組みとする意識構造の中にあったのである。しかし、信玄と信長との分岐点は、実は両者の対立の過程で醸成され、信玄の死とともに明確になる。元亀四年四月、信玄は、信長打倒を実現しないまま死去するが、それを知らぬ室町将軍足利義昭が挙兵すると、信長はこれを「公儀御謀叛《こうぎごむほん》」と呼び、「天下静謐《てんかせいひつ》」のために将軍を追放した。

ここに信長は、室町幕府体制を克服し、新たな統一権力を編成するための論理（天下静謐のために、全国の大名に天下を護持する信長への奉公を迫る）を構築する契機をえる（朝尾直弘『将軍権力の創出』、藤木久志『戦国大名の権力構造』他）。義昭追放後も、信長はまだ不在の将軍に代わって、その権限の執行者として振る舞い、「天下」を取り仕切るが、後に天正元年（一五七三）十二月二十八日に、陸奥伊達輝宗に信長が送った書状によれば、将軍義昭を奉じて上洛し、その後天下のために「公儀」（幕府）を支えていたが、武田信玄と朝倉義景の妨害にあって、義昭が天下に対して逆心を企てたためこれを追放したと述べている（『信長』上四三〇号）。つまり信長は、「天下」のために動いているのであり、その安定（「静謐」）のために、「天下」に逆心を企てた義昭（「公儀」）を追放したという論理で、室町幕府体制に対する「天下」の優位を説き、その保護者たる信長という立場を強調したわけである。まさに「天下」の論理は、信長が信玄や義昭との対立という厳しい過程を通じて、形成されたことになる。

以上のように、武田信玄は、室町幕府体制に連なろうとする自己認識を保持していた最後の段階における、最も有力な戦国大名の一人であり、彼の最後の軍事行動（信長打倒）とそれを実現しないままの死は、織田信長に室町幕府体制とは異なる、新たな近世統一権力成立の論理である「天下」の構築と、室町幕府崩壊のきっかけを与えることとなったのである。

# あとがき

昨二〇〇五年二月ごろ、吉川弘文館より、歴史文化ライブラリーの一冊として、本書を書いてみないかとのお誘いを受けた時に、私はその重責をひしひしと感じた。それほど武田信玄という人物は、汗牛《かんぎゅう》充棟《じゅうとう》という言葉がふさわしいほど多くの人々に手がけられてきた。この一両年の間でも、出版された信玄の伝記は数冊に上るであろう。その中に伍していかねばならぬ恐ろしさは、言葉では言い表せないものがあった。それでも、いつかは自分なりの信玄の伝記を書いてみたいと思っていたから、いささかの躊躇の後に、これをお引き受けすることにした。

しかし、その日から苦悩の日々がはじまった。それは、武田信玄という人物を、戦国史の中でどのようにとらえるかについて、自分の考えがなかなかまとまらなかったからである。私の中で、信玄の人物像が結ばれないことには、彼の生涯をただ年代記風に書くという実につまらぬ構成にしかならない。また中世史を研究する者の一人として、現在の戦国史研究の潮流と到達点を踏まえて、信玄を論じることが要請されていることは十分自覚していたから、これらをも念頭に置いた人物論をいかに構築していくか、私は考えあぐねた。

こうしたなかで、昨年十月以来にわかに著者や本書を取り巻く環境は騒がしくなってきた。それは、来年度のＮＨＫ大河ドラマで、武田信玄が取り上げられることになったからである。本書の企画そのものは、それ以前から進行していたものなので、まったく関係なかったのであるが、それに照準をあわせたいという吉川弘文館の要望もあり、私は自分なりの信玄論を明確に構築しえないまま、執筆を進めざるをえなかった。

しかし執筆の過程で、信玄を、当時の社会の中で、どのように位置づけるべきなのかが自分なりに明確になっていくのを感じはじめていた。また、多くの信玄伝は、武田氏の研究史や、戦国期研究の現状をふまえ、かつ内省しつつ、その内政や軍制、家臣団編成などを体系的に論じたものがほとんどないこともあり、これらに論点を絞ることで、オリジナリティを持たせようとも考えるようになった。ところが、実際に書き上げてみると、その原稿量は規定の倍以上になってしまい、到底すべてを収録することは不可能であった。そのため、規定枚数に納めるべく、大幅な削除をおこない、再構成をせざるをえなかった。そう本書の内容構成が、いささかいびつであったり、意を尽くせぬ論述が目につくのは、こうした事情のためである。このため、削除した武田検地や宗教支配などの様々な事項については、他日を期して発表したいと考えている。

本書で展開した、武田信玄という人物の評価については、かなりの冒険であったと感じているが、史料を読み進めていくうちに、他の戦国大名と比較して、どうしても拭い去れなかった異質な信玄の一面を列挙していくうちに、このような結論に至ったというのが、正直なところである。特に信玄が持つ、特異な宗教性は、武田領国が一種の宗教国家のような外観を呈することにもつながっており、これは峰岸純夫氏が山梨県立博物館の「よみがえる武田信玄の世界」開催記念シンポジウムの席上でも強調しておられたところで、私もまったく同感である。それが、信玄の領国支配や外交などにいかに作用していたかという問題の一端を、不十分ながらも本書で追求することで、新たな信玄像を提示しえたことに、少しの満足と大きな不安を感じている。大方のご批判を仰ぎたいと思う。

本書の刊行にあたっては、吉川弘文館大岩由明氏と、永田伸氏に大変お世話になった。この場をお借りして厚くお礼を申し上げる。

二〇〇六年九月

平山　優

## 著者紹介

一九六四年、東京都に生まれる
一九八九年、立教大学大学院文学研究科博士前期課程修了
現在、山梨県史編さん室主査、山梨大学非常勤講師

主要著書
戦国大名領国の基礎構造　川中島の戦い　戦国大名武田氏（共著）　定本・武田信玄（共著）　ほか

歴史文化ライブラリー
221

武田信玄

二〇〇六年（平成十八）十二月一日　第一刷発行

著　者　平《ひら》山《やま》優《ゆう》

発行者　前田求恭

発行所　株式会社 吉川弘文館
東京都文京区本郷七丁目二番八号
郵便番号一一三―〇〇三三
電話〇三―三八一三―九一五一〈代表〉
振替口座〇〇一〇〇―五―二四四
http://www.yoshikawa-k.co.jp/

印刷＝株式会社 平文社
製本＝ナショナル製本協同組合
装幀＝山崎　登

© Yū Hirayama 2006. Printed in Japan

歴史文化ライブラリー

1996.10

## 刊行のことば

現今の日本および国際社会は、さまざまな面で大変動の時代を迎えておりますが、近づきつつある二十一世紀は人類史の到達点として、物質的な繁栄のみならず文化や自然・社会環境を謳歌できる平和な社会でなければなりません。しかしながら高度成長・技術革新にともなう急激な変貌は「自己本位な刹那主義」の風潮を生みだし、先人が築いてきた歴史や文化に学ぶ余裕もなく、いまだ明るい人類の将来が展望できていないようにも見えます。このような状況を踏まえ、よりよい二十一世紀社会を築くために、人類誕生から現在に至る「人類の遺産・教訓」としてのあらゆる分野の歴史と文化を「歴史文化ライブラリー」として刊行することといたしました。

小社は、安政四年(一八五七)の創業以来、一貫して歴史学を中心とした専門出版社として書籍を刊行しつづけてまいりました。その経験を生かし、学問成果にもとづいた本叢書を刊行し社会的要請に応えて行きたいと考えております。

現代は、マスメディアが発達した高度情報化社会といわれますが、私どもはあくまでも活字を主体とした出版こそ、ものの本質を考える基礎と信じ、本叢書をとおして社会に訴えてまいりたいと思います。これから生まれでる一冊一冊が、それぞれの読者を知的冒険の旅へと誘い、希望に満ちた人類の未来を構築する糧となれば幸いです。

吉川弘文館

〈オンデマンド版〉
武田信玄

On Demand
歴史文化ライブラリー
221

2021年（令和3）10月1日　発行

著　者　平《ひら》山《やま》　優《ゆう》
発行者　吉川道郎
発行所　株式会社　吉川弘文館
〒113-0033　東京都文京区本郷7丁目2番8号
TEL　03-3813-9151〈代表〉
URL　http://www.yoshikawa-k.co.jp/

印刷・製本　大日本印刷株式会社
装　幀　清水良洋・宮崎萌美

平山　優（1964～）
© Yū Hirayama 2021. Printed in Japan
ISBN978-4-642-75621-1

JCOPY 〈出版者著作権管理機構　委託出版物〉
本書の無断複写は著作権法上での例外を除き禁じられています．複写される場合は，そのつど事前に，出版者著作権管理機構（電話03-5244-5088，FAX 03-5244-5089，e-mail: info@jcopy.or.jp）の許諾を得てください．